Susanne Marx, Julian Müller, Florian Stohner

VBSG-Schriftenreihe

VBSG

Band 4

Modernisierung einer IT-Infrastruktur im klinischen Bereich

Eine Fallstudie

GRIN Verlag

Bibliografische Information der Deutschen Nationalbibliothek:

Die Deutsche Bibliothek verzeichnet diese Publikation in der Deutschen National-
bibliografie; detaillierte bibliografische Daten sind im Internet über http://dnb.d-
nb.de/ abrufbar.

Impressum:

Copyright © 2014 GRIN Verlag GmbH
Druck und Bindung: Books on Demand GmbH, Norderstedt Germany
ISBN: 978-3-656-93464-6

Dieses Buch bei GRIN:

http://www.grin.com/de/e-book/295441/modernisierung-einer-it-infrastruktur-im-
klinischen-bereich

GRIN - Your knowledge has value

Der GRIN Verlag publiziert seit 1998 wissenschaftliche Arbeiten von Studenten, Hochschullehrern und anderen Akademikern als eBook und gedrucktes Buch. Die Verlagswebsite www.grin.com ist die ideale Plattform zur Veröffentlichung von Hausarbeiten, Abschlussarbeiten, wissenschaftlichen Aufsätzen, Dissertationen und Fachbüchern.

Besuchen Sie uns im Internet:

http://www.grin.com/

http://www.facebook.com/grincom

http://www.twitter.com/grin_com

Susanne Marx
Julian Müller
Florian Stohner

Modernisierung einer IT-Infrastruktur im klinischen Bereich

- Eine Fallstudie -

GRIN VERLAG

München 2015

Inhalt

Vorwort

Planung, Wartung und Instandhaltung klinischer Rechnernetze sind i.d.R. sehr anspruchsvoll, da zum einen Kliniken nicht weniger komplexe Strukturen aufweisen als mittelständige Betriebe und zum anderen auf Grund der Tätigkeit und diesbezüglicher gesetzlicher Regelungen und Erfordernisse ein komplexes disziplinenübergreifendes Fachwissen erforderlich ist um diesbezüglich erfolgreich tätig zu sein. Gerade im klinischen Umfeld, genügt es dabei nicht, sich am IT-Grundschutz bzw. an der ISO 27001 zu orientieren. Es darf vielmehr nicht aus den Augen verloren werden, dass mitunter die Betriebssicherheit der Anlagen auch einen wesentlichen Beitrag zu Überleben und Gesundung von Patienten beitragen kann. Die vorliegende Fallstudie verbindet das Umfeld akademischer Lehre mit der klinischen Praxis, in dem nämlich im Rahmen einer Studienarbeit die Sanierung der IT-Infrastruktur einer Klinik bearbeitet wird. Die Lösungsansätze der Autoren wurden vom VBSG ausgewählt, da sie besondere Praxisrelevanz besitzen. Der zugrunde liegende Sachverhalt wurde eigens so komplex beschrieben, dass ein möglichst breites Spektrum an Maßnahmen und Erkenntnisse in die Lösungen einfließen musste. Alle drei Seminararbeiten sind bei der FOM Hochschule für Ökonomie und Management am Standort Mannheim entstanden und wurden als ausgezeichnete Arbeiten mit der Bestnote 1,0 bewertet. Damit fügt sich diese Publikation, welche aus dem Sachverhalt und drei unabhängig voneinander entstandenen Seminararbeiten besteht, hervorragend in die VBSG-Schriftenreihe ein, deren Anspruch auf die praktische Umsetzung wissenschaftlicher Erkenntnisse im Gesundheits- und Sozialwesen abzielt.

Rodalben im März 2015

Andreas Grunhofer

Vizepräsident des Verbands für Berater, Sachverständige und Gutachter im Gesundheits- und Sozialwesen e.V.

Der Sachverhalt

Nach Abschluss Ihres Studiums als Wirtschaftsinformatiker finden Sie eine Neuanstellung als IT-Leiter in einer mittelgroßen Klinik mit einer Kapazität von 870 Betten und 1.350 Beschäftigten. Sie haben sich dafür besonders qualifiziert durch Ihre umfassenden Kenntnisse im Bereich der IT-Infrastruktur. Eine Ihrer vordringlichsten Aufgaben ist es, eine in der Vergangenheit vernachlässigte IT-Infrastruktur dem Stand der Technik und den speziellen Erfordernissen anzupassen. Wohl wissend, dass dort Ihre Vorgänger ein fragiles Gesamtsystem hinterlassen haben, unterliegen Sie bei der Planung der Modernisierung und der entsprechenden Umsetzung keinerlei finanzieller Restriktion.

Die Abbildungen 1 – 7 zeigen exemplarisch den Zustand der gesamten IT-Infrastruktur. Auf den vorhandenen Geräten werden ein KIS[1] betrieben, das ist das Pendant zu einem ERP[2]-System im klinischen Bereich. Innerhalb dieses KIS, soll eine digitale Akte geführt werden, in der alle medizinischen Parameter erfaßt sind und damit die gesamte Patientenakte verfügbar ist. Das KIS/ERP arbeitet als Client/Server-System, welches derzeit serverseitig einen Datenbankserver und einen Applikationsserver umfasst. Desweiteren finden Sie ein radiologisches Informationssystem (RIS) vor, in dem Bilddaten/Aufnahmen mehrerer digitaler Röntgenanlagen, eines Computertomographen (CT) und eines Magnetoresonanztomographen (MRT) gespeichert werden. Medizinische Bilddaten müssen in Deutschen Kliniken i.d.R. 30 Jahre lang aufbewahrt werden und unterliegen speziellen Restriktionen, was die Komprimierung der Aufnahmen angeht, so dass die Datenmenge, die im radiologischen Umfeld der Klinik entsteht etwa ein Terabyte/Jahr umfasst. Die Übertragung erfordert hier i.d.R. mindestens eine Kapazität von 1 GB/Sek. Weiterhin verfügt Ihre IT über ein Laborinformationssystem (LIS), indem sämtliche Untersuchungswerte online zur

---

[1] Krankenhausinformationssystem

[2] Enterprise Ressource Planning

Verfügung stehen und zusätzlich in die Patientenakte des KIS übertragen werden sollen. Der Terminus „sollen" wird hier schon alleine deswegen gewählt, da ein Schnittstellenserver, der unterschiedliche Systeme miteinander kommunizieren lässt, überaltert und sehr fehleranfällig ist. Ohne den Kommunikationsserver erhält kein medizinisches System Stammdaten oder Änderungen von Stammdaten der Patienten oder Anforderungen durch das KIS (ERP). Ein System für das Monitoring von Patienten im Intensiv- und OP-Bereich, das über einen eigenen Server (steht unter einem Schreibtisch im Intensiv-Bereich) verfügt, konnte bislang nicht integriert werden, da ein Uplink zwischen den Netzwerken zum Absturz des Computertomographen führt. Ein weiteres System zur Dokumentation der Geburtshilfe ist kaum nutzbar, da sehr häufig die Verbindung zum zentralen Server abreißt. Der Fachbereich ist hierbei mittels einer Netzwerkleitung der Kategorie 5 (EN 50173) über eine Distanz von 162 Meter an den Serverraum angebunden. Das vorgefundene System verfügt darüber hinaus über einen weiteren Server, der zugleich als Domänen-Controller und Fileserver verwendet wird und in letzter Zeit ab und an die Komprimierung von Verzeichnissen erfordert hat, da das File-System mehrfach keinen freien Speicher mehr aufwies. Für Datensicherungen stehen Ihnen zwei Bandwechsler zur Verfügung, welche den Datenbankserver und den DC/Fileserver sichern sollen. Die Bänder sind 2 Jahre alt. Ein Rücksicherungstest ist noch nie erfolgt. Das weitere Netzwerk entspricht der Kategorie 5 (EN-50173). Es wurde bereits durch einen Vorgänger eine Vernetzung mittels Glasfaserkabel (Multimode 50/125) bei einer externen Firma beauftragt. Obwohl hier Messprotokolle vorhanden sind, wurde das Netzwerk nie in Betrieb genommen. Das Glasfasernetz verbindet jeden Unternehmensbereich mittels zwölf-adriger Leitungen mit dem sogenannten Serverraum (Abstell-kammer).

Bedenken Sie bei der Bearbeitung des Sachverhalts, dass Gesundheitsdaten eine besondere Kategorie von Daten darstellen, deren erhebliche Schutzbedürftigkeit sowohl im Sozialgesetzbuch X, den Bundes- und Landesdatenschutzgesetzen und entsprechenden EU-Verordnungen festgeschrieben ist. Paragraph 9 des Bundesdatenschutzgesetzes (BDSG) verweist auf organisatorische und technische Maßnahmen, die sich im Wesentlichen als Stand der Technik verstehen. Nicht nur Fragen des Datenschutzes sollen hier jedoch richtungsweisend sein. Vielmehr muss davon ausgegangen werden, dass z.b. das Funktionieren von Laborinformationssystemen für das Überleben von Akutpatienten maßgeblich sein kann. Bei Ausfall eines radiologischen Servers können immer noch Aufnahmen an den Geräten selbst erstellt und befundet werden. Ein Ausfall radiologischer Geräte jedoch führt u.U. zur Abmeldung einer Klinik, d.h. dass keine Akutpatienten mehr eingeliefert werden. Die Verbringung in andere Kliniken (längere Wege) kann dabei lebensbedrohend sein.

Bei einer ersten Analyse der Anforderungen an die Ausfallsicherheit kommen Sie zu folgendem Ergebnis:

Server/System	max. vertretbare Ausfallzeit	Bemerkung
Domänen-Controller	15 Min.	Ohne DC ist keine Anmeldung an den Systemen möglich. Die Arbeit mit der IT kommt vollkommen zum erliegen
Fileserver	4 Stunden	Massive Behinderung der Arbeitsabläufe
Laborinformationssystem	15 Min.	Notfalluntersuchungen sind zwar noch möglich, jedoch stehen Ergebnisse bereits durchgeführter Untersuchungen nicht zur Verfügung: Akute Lebensgefahr für Patienten

Server/System	max. vertretbare Ausfallzeit	Bemerkung
Krankenhausinformationssystem (KIS/ERP)	4 Stunden	Massive Behinderung der Arbeitsabläufe
Röntgeninformationssystem	4 Stunden	Massive Behinderung der Arbeitsabläufe
Bildgebende Geräte (CT, MRT, u.a.)	15 Min.	Abmeldung der Klinik bei der Notfallzentrale
Intensiv-Monitoring	15. Min.	Kurzfristig kann eine Überwachung an jedem Gerät erfolgen. Zentrale Überwachung steht nicht mehr zur Verfügung
Geburtshilfe	8 Stunden	Massive Behinderung der Arbeitsabläufe
Netzwerk	15 Min.	Massive Behinderung der Arbeitsabläufe

Tabelle 1: Maximal zulässige Ausfallzeiten

Abbildung 1: Ein Blick in den Serverraum (Abstellkammer)

Abbildung 2: Die elektrische Verkabelung im „Serverraum"

Abbildung 3: Eine Brandmelderattrappe im „Serverraum") - darüber Ver- und Entsorgungsrohre sowie Lüftungsschächte

Abbildung 4: Verkabelung des Patch-Schranks

Abbildung 5: Multifunktionale Rohre im „Serverraum"

Abbildung 6: Ersatzmaterial im „Serverraum"

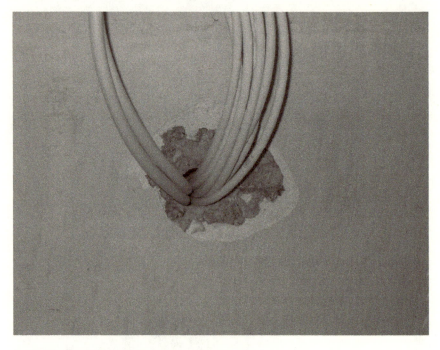

Abbildung 7: Wanddurchbruch zur Kabelführung

Aufgabenstellung

Aufgabe 1: Würdigen Sie den hier beschriebenen Sachverhalt und nehmen Sie dabei Bezug auf verschiedene Handlungsfelder (Gefährdungspotentiale) der IT-Infrastruktur.

Aufgabe2: Skizzieren Sie ein Konzept für die Modernisierung des Netzwerks. Beschreiben Sie welche Technologien Sie einsetzen und warum. Erläutern Sie auch, welche aktiven Komponenten (Hub, Router, Firewall, etc.) sie zukünftig einsetzen werden und welche Gedanken und Anforderungen für die Auswahl ausschlaggebend sind.

Aufgabe3: Entscheiden Sie, ob Sie zukünftig einen oder zwei Serverräume betreiben werden. Erläutern Sie diese Entscheidung. Nehmen Sie darüber hinaus Stellung zu den Anforderungen an die Ausfallsicherheit. Wie gewährleisten Sie die adäquate Betriebssicherheit und Ausfallsicherheit der Systeme? Wie verfahren sie hinsichtlich Fileserver und Domänen-Controller? Welche Anforderungen an Server stellen Sie bei der Modernisierung der IT-Infrastruktur? Wie sind diese Geräte technisch zu konfigurieren?

Aufgabe 4: Trotz vieler geplanter Maßnahmen kann nicht auf ein Backup-Konzept und weitere Sicherungsmaßnahmen verzichtet werden.

a. Wie wird Ihre Backup- und Recovery-Lösung aussehen?

b. Wie begegnen Sie der Bedrohung durch Viren, Trojaner und Wechseldatenträger in den unterschiedlichen Bereichen Ihres Netzwerks?

c. Bringt es ggf. Vorteile für Ihr Projekt mit Virtualisierungstechnologie zu arbeiten? Wo können Sie sich den Einsatz vorstellen? Wo würden Sie den Einsatz von Virtualisierungstechnologie eher nicht in Betracht ziehen?

Aufgabe 5: Bislang wurden Emails direkt mittels Email-Programm aus dem Internet geladen? Wie verfahren Sie zukünftig hinsichtlich Email-Nutzung. Welche Komponenten Hard- und Software (keine Marken) werden Sie dabei einsetzen. Wie werden die Kommunikationswege einer ein- oder ausgehenden Email aussehen?

Susanne Marx

Modernisierung einer IT-Infrastruktur im klinischen Bereich

Inhalt

Sachverhalt

Gegeben ist die desolate IT-Infrastruktur eines mittelgroßen Krankenhauses. Ziel ist es, die verschiedensten Problemstellungen der hausinternen Fachkliniken sowie des gesamten Krankenhauses zu lösen und die IT-Infrastruktur auf den neusten Stand der Technik zu bringen, damit die teils lebensnotwendigen Einrichtungen jederzeit vollumfänglich zur Verfügung stehen und ein reibungsloser Ablauf der Klinikprozesse gewährleistet werden kann. Ein einzuhaltendes Budget der Modernisierung besteht nicht.

1. Bewertung des Ist-Zustandes der IT-Infrastruktur

2.1 Serverraum und Verkabelung

Die Server sind aktuell in einem Raum untergebracht, der zusätzlich als Abstellkammer für diverse Arbeitsmaterialien dient.

Abbildung 1 und Abbildung 2 der Aufgabenstellung zeigen eine chaotische und unbeschriftete Verkabelung der Netzwerk-und Stromkabel. Die Stromversorgung der Rechner erfolgt über Mehrfachsteckdosen. Es ist nicht auf Anhieb erkennbar, welches Kabel (Netzwerk-und Stromkabel) welchem Gerät zugehörig ist. Die Mehrfachsteckdosen sowie die Rechner stehen auf dem Boden, so dass diese vor einem versehentlichen Stolpern nicht geschützt sind. Diese „fliegende Verkabelung" (vgl. G 3.78 BSI 2005) ist kritisch hinsichtlich einem unterbrechungsfreien Betrieb der Rechner. Die Auswirkungen von solch einer Verkabelung reichen von einer unterbrochenen Verbindung bis hin zu einer irreversiblen Beschädigung des Rechners durch einen Sturz.

Ein Wassereinbruch im Serverraum kann zu diversen Beschädigungen (Kurzschlüsse, mechanische Beschädigungen usw.) führen, da das Wasser ungehindert in die IT-Anlagen sowie in die Steckdosen eindringen kann (vgl. G 1.5 BSI 2009).

Auf den Abbildungen ist nicht erkennbar, ob der Serverraum über eine USV (Unterbrechungsfreie Stromversorgung) verfügt; auf Grund der Stromversorgung über Mehrfachsteckdosen wird davon ausgegangen, dass keine USV vorhanden ist. Dies stellt ein weiteres Gefahrenpotenzial dieses Serverraumes dar (vgl. G 4.1 BSI 2009).

Bei der Modernisierung des Rechenzentrums sind diese Gefahrenpotenziale durch folgende Maßnahmen zu beheben (vgl. M. 1.69 BSI 2013):

- Einbau der Server in Serverschränke mit anschließender Zusammenfassung der Schränke zu Netzschränken mit einer entsprechenden festen Verkabelung oder Systemverkabelung für Serverschränke.

- Installation eines Doppelbodens zur Verlegung der Verkabelung der Netzschränke oder Einrichtung von Deckentrassen.

- Installation einer geeigneten USV für die unterbrechungsfreie Stromversorgung der Serverschränke und zum Schutz vor Strom-und Spannungsschwankungen (vgl. M 1.28 BSI 2013).

Abbildung 3 zeigt eine Attrappe eines Brandmelders. Es wird davon ausgegangen, dass im Serverraum keine Brandmelde-und Löschanlage existiert. Die Gefahr eines Brandes ist im Bereich technischer Anlagen durch Fehlfunktionen, technische Defekte usw. nicht unwahrscheinlich (vgl. G 1.4 BSI 2009). Die Lüftungsschächte oberhalb der Attrappe beschleunigen im Brandfall die Ausbreitung des Feuers, da diese eine Brandbrücke in andere Bereiche bilden.

Abbildung 3 zeigt ebenfalls, dass oberhalb der Deckenblatten diverse Versorgungsrohre verlaufen. Hier ist die Gefahr einer Leckage sehr groß, da das ausdringende Wasser zu Schäden oder Kurzschlüssen in den IT-Anlagen führen kann (vgl. G 1.5 BSI 2009).

Bei der Modernisierung des Rechenzentrums sind diese Gefahrenpotenziale durch folgende Maßnahmen zu beheben:

- Installation einer Gefahrenmeldeanlage mit Einbruch-, Hitze-, Wasser-, Brandmelder mit Alarmmeldung an die zuständigen Stellen z. B. Feuerwehr, Facilitymanagement (vgl. M 1.18 BSI 2013).

- Bereitstellung von Handfeuerlöschern mit Kohlendioxyd der Brandklasse B für Sofortmaßnahmen (vgl. M 1.7 BSI 2013).

- Einbau einer geeigneten Brandmeldeanlage (vgl. M 1.48 BSI 2009) sowie einer Brandlöschanlage für Serverräume mit dem Löschmittel Novec 1230 (vgl. Minimax 2014a) und Umsetzung aller mit der Installation der Löschanlage einhergehenden baulichen Veränderungen (z. B. Panikschloss an der Tür, Druckausgleich an den Fenstern, Verschluss aller Öffnungen, durch die das Löschmittel ungewollt entweichen kann usw.).

- Die Ver-und Entsorgungsrohre sind, sofern möglich, zu entfernen bzw. baulich am Serverraum vorbei zu leiten. Sind die Rohre nicht zu vermeiden und auch nicht verschließbar, müssen Wasserauffangwannen inkl. Wassermelder und Ablaufrinnen installiert werden um einen Wasseraustritt frühzeitig erkennen und beheben zu können (vgl. M1.24 BSI 2013).

- Im Sinne des Brandschutzes müssen Rohrabschottungen angebracht werden, um eine feuerbeständige und rauchgasdichte Barriere zu bilden (vgl. Minimax 2014b).

- Verschluss der Lüftungsschächte mit geeignetem brandsicherem Material.

Abbildung 4 zeigt, wie auch Abbildung 1 und 2, die Weiterführung der chaotischen Verkabelung bis in den Patchschrank. Der Patchschrank ist des Weiteren nicht vor einem Brand (vgl. G 1.16 BSI 2005) geschützt.

Zur Behebung dieser Mängel werden folgende Maßnahmen eingeleitet:

- Installation einer festen Verkabelung zwischen den Patchfeldern und den Netzwerkknoten (vgl. M 1.69 BSI 2013).

- Kürzung der Verkabelung auf eine adäquate Länge mit entsprechender Beschriftung.

- Installation einer E-90 Schottung des Patchfeldes im Sinne des Brandschutzes (vgl. M 1.62 2013).

Abbildung 5 zeigt Heizungsrohre, die durch den Serverraum verlaufen sowie Netzwerkkabel, die durch ein Rohr in den Keller geführt werden. Es wird angenommen, dass über den gelben Schlauch das Wasser einer Klimaanlage ebenfalls über das Rohr in den Keller abgeleitet wird. Bezüglich der Heizungsrohre sowie dem Abwasserschlauch der Klimaanlage besteht die Gefahr von Wasser im Serverraum und einer damit einhergehenden Beschädigung der IT-Anlagen (vgl. G 1.5 BSI 2009).

Bei der Modernisierung des Rechenzentrums sind diese Gefahrenpotenziale durch folgende Maßnahmen zu beheben:

- Sofern die Heizungsrohre in diesem Bereich nicht entfernt werden können, müssen diese so abgesichert werden, dass eine Gefahr für die IT-Anlagen bis auf ein Minimum reduziert wird (vgl. M1.24 BSI 2013). Zudem sollten die Heizungsrohre entsprechend abgesichert werden, damit ein Wasseraustritt so früh wie möglich erkannt wird (durch Anbringung von Wassermeldern).

- Die Klimaanlage ist so auszuwählen, dass sie – in Abhängigkeit der erzeugten Abwärme der Hardware -die Lufttemperatur und -feuchtigkeit optimal hält. Die Abwasserleitung der Klimaanlage ist so anzubringen, dass die Gefahr eines Wassereintritts in die IT-Anlagen so minimal wie möglich ist. Um die Wiederanlaufzeit bei einem Stromausfall zu überbrücken und Überhitzungsschäden an der Hardware vorzubeugen kann zusätzlich ein Kältespeicher gebildet werden (vgl. M 1.27 BSI 2013).

Abbildung 6 zeigt, dass der Serverraum als Abstellkammer für Büromaterialien dient. Die hier gelagerten Materialien sind im Brandfall eine zusätzliche Brandlast. Es wird angenommen, dass aktuell durch die Materialeinlagerung der Serverraum zugänglich für die Mitarbeiter ist.

Folgende Maßnahmen werden bei der Modernisierung ergriffen:

- Der Serverraum muss stets verschlossen sein (vgl. B 2.4 BSI 2009, M1.23 BSI 2013).

- Zum Schutz vor Sabotage, Daten-und Hardwarediebstahl ist der Serverraum nur ausgewählten, autorisierten Personen nach Prüfung der Notwendigkeit zugänglich (vgl. M 2.17 BSI 2013). Im Sinne der technischen und organisatorischen Maßnahmen des § 9 BDSG wird ein Zutrittskontrollsystem zum Serverraum installiert (Ausweiskarten und Lesegerät) (vgl. M 1.80 BSI 2013).

- Installation einer Videoüberwachung im Serverraum sowie einer Einbruchmeldeanlage (als Bestandteil der Gefahrenmeldeanlage).

- Lagerung von Büromaterialien und Ersatzteilen außerhalb des Serverraumes zur Brandlastminimierung (vgl. M 1.8 BSI 2013, M 1.51 BSI 2013).

Abbildung 7 zeigt einen Wanddurchbruch, der für die Neuverlegung eines Kabels geschaffen wurde.

Zur Behebung dieses Mangels werden folgende Maßnahmen eingeleitet:

- Wände und Decken von Serverräumen müssen der F90-Anforderung genügen. Grundsätzlich sollte der Serverraum als eigener Brandabschnitt ausgebaut werden (vgl. M1.47 BSI 2009). Demnach müssen auch alle Durchbrüche mit speziellem Brandschutzmörtel der Klasse F90 verschlossen und entsprechend gekennzeichnet werden. Die durch den Durchbruch verlegten Kabel müssen mit einer Kabelabschottung und einem Brandschutzanstrich z. B. KBS Coating (vgl. Minimax 2014c) Versehen werden, um die Ausbreitung eines Brandes zu verhindern.

2.2 IT der Fachkliniken

Neben den Herausforderungen der IT-Infrastruktur im Hardware-und Verkabelungsbereich bestehen in den jeweiligen Fachkliniken weitere Problemfelder, die es zu beheben gilt.

2.2.1 Zentrallabor

Das Zentrallabor verfügt über ein eigenes Laborinformationssystem. Die Untersuchungswerte aus den Laboruntersuchungen werden zum einen online zur Verfügung gestellt, sollten aber auch in die Digitale Patientenakte des KIS übermittelt werden. Diese Übertragung an das KIS funktioniert auf Grund eines veralteten Schnittstellenservers aktuell nicht, so dass dieser ausgetauscht werden muss.

Es wird angenommen, dass die Untersuchungswerte auf einer ungeschützten Onlineplattform im Internet zur Verfügung gestellt werden. Da dies datenschutzrechtlich höchst bedenklich ist, insbesondere im Bezug auf Gesundheitsdaten, welche zu den besonderen Kategorien personenbezogener Daten zählen, muss gewährleistet werden, dass die Daten vor unberechtigtem Zugriff geschützt sind. Der Schutz der persönlichen Daten ist ein Grundrecht des Patienten. Die adäquate Umsetzung spiegelt letztlich, als eine Art Qualitätsmerkmal, das Verhältnis einer Klinik zum Patienten wieder (Len2014b).

Sobald die Einsicht der Werte über die digitale Patientenakte im KIS möglich ist, kann auf den Online-Abruf verzichtet werden.

2.2.2 Intensiv-und OP-Bereich

Der Server des Intensiv-und OP-Bereiches, welcher für das Monitoring von Patienten im Intensiv-und OP-Bereich zuständig ist, ist aktuell im Fachbereich selbst angesiedelt. Der Server konnte bisher nicht in das Netzwerk integriert werden, da ein Uplink zwischen den Netzwerken zu einem Absturz des CT führte. Hier muss geprüft werden, ob der Broadcast aus dem Monitoringsystem das CT zum Absturz bringt. Sollte dies der Fall sein, wird ein Router installiert, welcher den Radiologiebereich von anderen Abteilungen abtrennt. Der Router wird so konfiguriert, dass in den Radiologiebereich nur noch die notwendigen Daten gelangen. Der Server des Intensivbereiches muss in den Serverraum umgesiedelt werden, um die Datensicherheit und eine regelmäßige Datensicherung im Rahmen des Backup-Konzeptes zu gewährleisten.

2.2.3 Gynäkologie

Der Fachbereich Gynäkologie verfügt über ein System zur Dokumentation der Geburtshilfe, welches allerdings nicht genutzt werden kann, da häufig die Verbindung zum Server unterbrochen wird. Der Fachbereich ist über ein 162 Meter langes Cat. 5 Kabel (nach EN 50173) an den Serverraum angeschlossen. Diese Netzwerkleitung ist zu lang und nicht leistungsstark genug, um eine entsprechende Netzwerkverbindung zwischen dem Fachbereich und dem zentralen Server herzustellen. In diesem Fall muss ein Repeater zur Signalverstärkung zwischen geschalten werden.

2.2.4 Radiologie

Die Radiologie verfügt über ein eigenes radiologisches Informationssystem. An diesem System sind die bildgebenden radiologischen Geräte angeschlossen (MRT, Digitales Röntgen, CT). Eine Herausforderung dieses Fachbereiches ist die Archivierung der Bilddaten sowie die geplante Übertragung der Daten in das KIS, welche mindestens eine Kapazität von 1 GB / Sek. erreichen muss.

Dies erfordert eine schnelle Anbindung der bildgebenden Geräte über das Netzwerk an das Radiologiesystem und KIS. Um die Bilder in der digitalen Akte des KIS zur Verfügung zu stellen, muss die Anbindung des Radiologiesystems an KIS über den Schnittstellenserver optimiert werden. Auf Grund der Aufbewahrungszeit der radiologischen Bilddaten muss ein geeignetes Archivierungsverfahren implementiert werden.

Aus der Kombination der medizinischen Geräte (vor allem MRT) und den aktuellen Kupferverkabelungen kann es zu der Bildung elektromagnetischer Felder und demzufolge zu Störungen der Geräte kommen, so dass eine entspreche Abschirmung ggf. notwendig wird.

2.3 Globale Problemstellungen

Der Domänen-Controller (DC) und der Fileserver laufen derzeit auf einem Server. Der DC muss auf einen eigenen Server umgezogen werden.

Auf Grund des Platzmangels muss der Fileserver mit mehr Speicherplatz ausgerüstet werden, damit eine regelmäßige Datenkomprimierung entfallen kann.

Der Datenbank und DC/Fileserver werden über zwei Bandwechsler mit zwei Jahre alten Bändern gesichert. Sofern dieses Sicherungsverfahren über Bänder beibehalten wird, müssen in regelmäßigen, geplanten Abständen Rücksicherungstests der Daten durchgeführt und die Bänder auf deren Funktionalität geprüft und ggf. erneuert werden.

2.4 Aktuelle IT-Infrastruktur

In Anlage 1 sind die Problemstellungen der IT-Infrastruktur nochmals grafisch dargestellt.

2. Konzept zur Modernisierung

(In diesem Kapitel werden die Fragen zu Aufgabe 2 und 3 beantwortet.)

Das Konzept zur Modernisierung enthält die in Kapitel 2 beschriebenen Maßnahmen sowie die im Folgenden beschrieben Komponenten. In Anlage 3 wird dies nochmals grafisch dargestellt (die Grafik enthält nur die im Sachverhalt beschriebenen Server, ebenso wurde auf die Darstellung der genannten Redundanzen und des Clusters verzichtet).

3.1 Netzwerkverkabelung

Die in Kapitel 2 dargestellten Problemstellungen zeigen auf, dass die derzeitige Kategorie 5-Verkabelung für den Unternehmenszweck nicht mehr ausreichend ist. Ein Glasfasernetzwerk ist bereits installiert, Messprotokolle sind vorhanden. Es wird angenommen, dass das Glasfasernetzwerk funktioniert und in Betrieb genommen werden kann. Zudem wird angenommen, dass die Glasfaserverkabelung im Primär-und Sekundärbereich vorhanden ist und im Tertiärbereich Netzwerkkabel der Kategorie 7a (nach EN 50173) verlegt wurden (siehe Abbildung in Anlage 2). Von einer redundanten Auslegung der Verkabelung im Tertiärbereich mit unterschiedlichen Wegstrecken der Kabelführung zur Vermeidung einer Nichtverfügbarkeit wird ausgegangen.

Durch die Optimierung der Verkabelung durch die Nutzung der Glasfaserleitungen und Kupferkabel der Kategorie 7a ist eine ausreichende Übertragungsrate für die Anbindung des Radiologiebereiches gewährleistet.

Die Etagenswitches für den Übergang von Glasfaser zu den Kupferleitung sind, wenn möglich, mittig in den Stockwerken anzubringen, damit alle Bereiche mit der Kategorie 7a-Verkabelung störungsfrei erreichbar sind (Länge der Verkabelung maximal 90 Meter). Sofern dies nicht gewährleistet werden kann, wird ein zusätzlicher Repeater eingesetzt, um die Distanz zu überbrücken.

Die Etagenswitches werden zum Zwecke des Datenschutzes, zum Schutz gegen unbefugtem Zugriff und Sabotage in abschließbaren Metallschränken verbaut, eine entsprechende Erdung wird vorgenommen.

3.2 W-LAN

Zur Erleichterung und Optimierung der Dokumentation der Visiten werden auf den Stationen des Krankenhauses Access-Points installiert, damit bei der Visite Patientendaten über ein Tablet-PC direkt in die digitale Patientenakte des KIS eingetragen werden können.

Die Access-Points werden nach entsprechenden Ausleuchtungstests dabei so angeordnet, dass eine Überlagerung der Bereiche erfolgt. Durch die Überlagerung der Bereiche ist eine gewisse Ausfallsicherheit gegeben. Roaming wird ebenfalls ermöglicht.

Als Verschlüsselungsverfahren des W-LANs wird WPA2 genutzt. Es handelt sich dabei um ein Verfahren, dass dem derzeitigen Stand der Technik entspricht (KL2014) und bei entsprechend sorgfältiger Konfiguration als sicher angesehen werden kann. Zur Absicherung des Datenverkehrs werden VPN-Zugänge auf den Endgeräten eingerichtet (vgl. BSI 2009).

Die Access-Points werden über einen PoE-Switch (Power-over-Ethernet-Switch) mit einer vom bestehenden Netzwerk getrennten Netzwerkverbindung verbunden. Diese wiederum führt zu einer Firewall im Serverraum, die über ein DMZ für internes W-LAN mit dem internen Netz verbunden ist.

3.3 Serverraum

Auf Grund des hohen Anspruchs an die Ausfallsicherheit der Systeme und Server werden zwei Serverräume aufgebaut (siehe Abbildung 2 in Anlage 2).

Die Serverräume befinden sich jeweils in einem anderen Brandabschnitt (in einem anderen Gebäudeteil), damit die Verfügbarkeit auch im Falle eines Brandes in einem Gebäudeteil gewährleistet werden kann. Um eine Betriebs-und Ausfallsicherheit zu gewährleisten, müssen ebenfalls bauliche und organisatorische Maßnahmen getroffen werden. Zum Teil wurden diese bereits in Kapitel 2 erwähnt und werden nachfolgend nochmals präzisiert.

3.3.1 Bauliche Maßnahmen

Vorhandene Fenster werden zum Schutz vor Einbruch und Hitze (in den Sommermonaten) in den Serverräumen verschlossen (zugemauert).

Der Serverraum wird gemäß den Brandschutzbestimmungen umgebaut, d.h. Wände, Türen, Wand-und Deckendurchbrüche entsprechend nach dem Umbau den F90-Anforderungen. Verkabelungen, die durch Wände und Decken geleitet werden, werden mit einem entsprechenden Anstrich und einer Abschottung versehen.

Zur Brandbekämpfung wird eine geeignete Brandlöschanlage für IT-Anlagen installiert. Ebenfalls erhalten die Serverschränke Serverschranklöschanlagen, die mit der USV verbunden sind. Im Brandfalle löschen diese den Brandherd und schalten die Stromzufuhr des Servers ab, so dass auch der Brandverursacher abgeschaltet wird. Wartungsintervalle für die Brandmeldeanlage werden festgelegt und dokumentiert.

Die Server werden in geeigneten, abschließbaren Serverschränken untergebracht, die über eine eigene Löschanlage verfügen.

Der Serverraum wird mit einem doppelten Boden ausgestattet. Zum einen dient dieser der Klimatisierung, in dem die kalte Luft von der Klimaanlage, durch den Doppelboden direkt in den Serverschrank geleitet werden kann und somit die Komponenten effektiver kühlt als eine „Raum"-Klimaanlage. Zudem bietet der doppelte Boden Schutz vor einer eventuellen Wasseransammlung im Serverraum. Daher werden in diesem Doppelboden entsprechende Wassermelder angebracht.

Im Serverraum wird eine geeignete Klimaanlage installiert. Die Ventilatoren der Klimaanlage werden an der Hausfassade so angebracht, dass diese vor Sabotage geschützt sind.

Die Versorgungsrohre im Serverraum werden mit Wasserauffangwannen mit Ablaufmöglichkeit und Wassermeldern ausgestattet. Es wird ebenfalls eine Rohrabschottung zur Vermeidung einer Brandausbreitung angebracht.

Eine Gefahrenmeldeanlage wird im Serverraum installiert, inklusive eines Monitoring- und Alarmsystems.

Zum Schutz der elektrischen Anlagen wird ein Blitzschutz der Schutzklasse I (vgl. M 1.4 BSI 2013) installiert. Diese sogenannte Fangeinrichtung wird jährlich gewartet.

Zur Vermeidung elektromagnetischer Felder wird der Serverraum zu den medizinischen Geräten baulich abgeschirmt.

3.3.2 Organisatorische Maßnahmen

Um den Serverraum vor unberechtigten Personen, Sabotage / Vandalismus, Datendiebstahl sowie Diebstahl der Hardwarekomponenten zu schützen, ist der Serverraum nur mittels Zutrittskarte zugänglich. Die Tür ist stets verschlossen. Zur Überwachung werden neben der Gefahrenmeldeanlage ebenfalls Videokameras installiert.

Außerhalb der „regulären" Arbeitszeiten der IT-Mitarbeiter ist die Alarmanlage der Serverraumtür aktiviert (gesteuert wird diese über die Gefahrenmeldeanlage).

Die Schlüssel zu den Serverschränken sowie die Schlüssel für die Etagenverteiler sind in einem Schlüsseltresor hinterlegt, der über eine Alarmsicherung verfügt.

Nur ein sehr begrenzter Personenkreis ist mit Zutrittskarten ausgestattet und hat somit die Erlaubnis für den Zugang zum Serverraum. Jeder Zutritt zum Serverraum wird im System protokolliert.

Ein Schlüssel für den Serverraum wird in einem Schlüsseltresor für die Feuerwehr hinterlegt.

Die Server werden zum Schutz vor kurzzeitigen Stromausfällen und Stromschwankungen (Über-/Unterspannungen) mit einer Online-USV ausgestattet. Zudem verfügt jeder Server über ein redundantes Netzteil, welche den Anschluss eines Servers an zwei getrennte USV-Geräte ermöglicht. Die USV-Geräte verfügen jeweils über einen getrennten Stromkreislauf. Die Akkus der USV werden in regelmäßigen, geplanten Abständen gewartet und ausgetauscht. Die Funktionsfähigkeit der USV wird in monatlich stattfindenden Testläufen überprüft und dokumentiert. Die Akkus der USV werden hinsichtlich deren Leistung so ausgelegt, dass diese bei einem länger anhaltenden Stromausfall die Zeit bis zum Anlauf des Notstromaggregates problemlos überbrücken können. Für länger andauernde Stromausfälle wird für den IT-Bereich ein Notstromaggregat angeschafft, welches für die Stromerzeugung für die IT-Anlagen ausreichend stark ist. Testläufe der Notstromaggregate werden regelmäßig und geplant durchgeführt. (Es wird angenommen, dass die restlichen Bereiche des Krankenhauses bereits über eine ausreichende Notstromversorgung verfügen.)

Die USB-Ports sowie andere Laufwerke an den Clients werden gehärtet, so dass das Eindringen von Schadsoftware und Datendiebstahl unterbunden wird.

Auf den Servern werden aktive Virenschutzprogramme installiert inkl. einer Endpoint-Security für die Clients.

Der Zugang zum Internet wird für die Clients über einen Proxy-Server geregelt. Grundsätzlich ist der Internetzugang auf allen Clients verboten, Ausnahmeregelungen für diverse Arbeitsplätze zu einzelnen freigegeben Seiten können eingerichtet werden.

Es besteht ein grundsätzliches Rauchverbot in allen Räumlichkeiten der IT.

3.4 Server

Im Rahmen der Modernisierung werden folgende Anforderungen an die Server und somit deren Ausfallsicherheit gestellt:

- Hochverfügbarkeit der Daten, Applikationen, Dienste usw.

- Betriebssicherheit

- für den Unternehmenszweck ausreichende Rechenleistung sowie eine

- schnelle Übertragung der Daten zwischen den Clients und Servern.

Alle Server werden in den beiden Serverräumen jeweils redundant betrieben und sind mit redundanten Netzteilen sowie Netzwerkanbindungen (Netzwerkkarten) ausgestattet.

Der Betrieb der Server erfolgt im Sinne eines Hochverfügbarkeits-Clusters (Failover-Cluster). Die Clusterknoten verfügen hierbei über ein eigenes Netzwerk (ohne aktive Komponenten zur Vermeidung der Single Points of Failure) (vgl. M 2.314 BSI 2013). Die Verbindung zwischen den Clusterknoten wird redundant ausgelegt.

Zur Speicherung der Daten wird ein Storage Area Network (SAN) genutzt. Zur Gewährleistung der Verfügbarkeit der Daten, wird eine hochverfügbare SAN-Konfiguration eingerichtet. Das Speichersystem des SAN wird so aufgebaut, dass die Daten in beiden Serverräumen vorgehalten werden. Die Daten werden mittels einer synchronen Datenreplikation ständig an beiden Standorten aktuell gehalten (vgl. M 2.354 BSI 2013).

Die Verbindung der Clusterknoten zum SAN erfolgt über Fibre Channel und einem Fibre Channel Switch. Die Verfügbarkeit dieser Komponenten wird durch eine entsprechende redundante Vorhaltung sichergestellt. Das SAN selbst wird ebenfalls mit redundanten Bestandteilen ausgestattet (Lüfter und Netzteil) (vgl. storitback 2014).

An das jeweilige SAN-Speichersystem werden Disk Arrays (RAID 10 mit Hotspare und redundanten RAID-Controllern) angeschlossen. Da nur der Speicherbedarf des Radiologiebereiches bekannt ist (1 TB / Jahr) wird der Speicherbedarf der anderen Krankenhausbereiche auf ca. 1 TB / Jahr geschätzt. Aus diesem Grund sollte das RAID mit ausreichend großen und einer geeigneten Anzahl an Festplatten ausgestattet werden.

Der Fileserver wird vom DC getrennt, damit keine „Kompromittierung des Domänen-Controllers" (M 4.138 BSI 2013) im Fehlerfall stattfinden kann. Auf Grund der wichtigen Funktion des DC (Active Directory, Kerberos, DNS usw.) wird dieser redundant ausgelegt und ein Backup-DC installiert.

Der Schnittstellen- und Kommunikationsserver werden durch leistungsfähige und dem aktuellen Stand der Technik entsprechende Server ausgetauscht, damit die reibungslose Kommunikation und der Datenaustausch zwischen den Systemen gewährleistet werden kann.

Die Konfiguration der Server erfolgt zentral mit Hilfe des DC, einem Active Directory (AD) sowie Gruppenrichtlinien. Zur Konfiguration der Server und der restlichen Netzwerkkomponenten ist nur ein spezieller Personenkreis (Administratoren) mit entsprechender Ausbildung berechtigt.

3.5 Aktive Komponenten

Zur Gewährleistung der Ausfallsicherheit und Garantierung der Hochverfügbarkeit des Netzwerkes werden die aktiven Komponenten, soweit möglich, redundant ausgelegt.

Auf die Nutzung von Hubs wird in der modernisierten IT-Infrastruktur verzichtet. Anstellen von Hubs kommen neue Switches zum Einsatz, da diese den Traffic im Netz durch die genaue Zuordnung der Datenpakete zum Empfänger ermöglichen.

Zur Abtrennung der einzelnen Krankenhausbereiche und Systeme kommen jeweils Router zum Einsatz. Diese werden so konfiguriert, dass nur auf freigegebene Ports die Datenpakete an den Empfänger weiter geleitet werden (Steuerung über Paketfilter und Access Control List). Diese vermindern so den Traffic im Netz auf ein Minimum und vermeiden so Systemstörungen wie beispielsweise Abstürze des Computertomographen (Unterteilung der angeschlossenen Netze in Broadcast-Domänen). Zudem dienen sie der Verhinderung der Ausbreitung von Schadsoftware von einem Bereich in einen anderen Krankenhausbereich (vgl. M 2.276 BSI 2013).

Wie bereits in Kapitel 3.2 beschrieben, werden auf den Stationen Access-Points installiert, die über eine PoE-Switch und einer Firewall mit dem internen Netz verbunden sind.

Das interne Krankenhausnetz ist nach Extern über Firewalls und demilitarisierte Zonen (DMZ) abgesichert. Hierbei stammen die Firewalls jeweils von verschiedenen Herstellern, um einen mehrstufigen Schutz bei Angriffen sicherzustellen.

3. Backup-Konzept

Für das Krankenhaus wird ein detailliertes Datensicherungskonzept entwickelt.

Zur Datensicherung wird, wie bereits in Kapitel 3.4 beschrieben, zwei SAN installiert, welche jeweils über ein Disk Array (RAID 10 mit Hotspare) verfügen. An die Disk Arrays sind Bandwechsler angeschlossen, welche die Daten im Generationenprinzip sichern. Neben den Daten werden regelmäßig auch Server-Snapshots gesichert, damit diese im Recovery-Fall ebenfalls zur Verfügung stehen.

Alle zwei Stunden wird ein inkrementelles Backup durchgeführt, ein Vollbackup erfolgt in der Nacht. Die Bänder werden in einer wöchentlichen Rotation an einem externen Ort (Bankschließfach) verwahrt, da eine Lagerung in den Räumlichkeiten der IT (z.B. Serverraum) eine vermeidbare Gefährdung im Brand- oder sonstigen Schadensfall darstellt (vgl. Len2014).

Zur Sicherstellung, dass eine Datenrekonstruktion aus den Datensicherungen möglich ist, werden regelmäßige und geplante Wiederherstellungstests durchgeführt. Hierbei wird überprüft, ob eine Wiederherstellung überhaupt möglich sowie der Prozess praktikabel und nachvollziehbar dokumentiert ist. Ebenfalls wird geprüft, ob die Wiederherstellung in einer angemessenen Zeit erfolgt (KL2014; vgl. M 6.41 BSI 2013).

Da die Archivierung der digitalen Bilddaten der Radiologie speziellen Restriktionen bzgl. der Komprimierung unterliegen und ein sehr hohes Datenvolumen aufweisen, werden diese einmal monatlich in einem geeigneten Format (z. B. PDF/A) archiviert.

Das Bundesdatenschutzgesetz schreibt vor, dass alle personenbezogenen Daten gelöscht werden müssen, „sobald ihre Kenntnis für die Erfüllung des Zwecks der Speicherung nicht mehr erforderlich ist" (§ 35 Abs. 2 S. 2 Nr. 3 BDSG). Da allerdings medizinische Unterlagen speziellen Archivierungsfristen unterliegen, müssen diese nach Beendigung der Behandlung gesperrt und entsprechend der Frist aufbewahrt werden (vgl. § 35 Abs. 2 S. 2 Nr. 3 BDSG). Nach Ablauf der Archivierungsfrist muss sichergestellt werden, dass die Daten ordnungsgemäß gelöscht werden.

4. Virenschutz

Zum Schutz der IT-Infrastruktur vor Schadprogrammen (Viren, Trojaner usw.) wird ein Sicherheitskonzept erstellt. Das Sicherheitskonzept beinhaltet hierbei nicht nur die Clients und Server, sondern auch Laptops, Tablets und ggf. auch die digitalen medizinischen Geräte sowie organisatorische Regelungen.

5.1 Technischer Virenschutz und Viren-Schutzprogramme

Auf allen IT-Systemen Server und deren Betriebssysteme, Clients, Tablets, Laptops, ggf. medizinischen Geräten werden Viren-Schutzprogramme installiert. Der Datenbestand auf dem Fileserver wird in regelmäßigen Abständen auf Schadprogramme geprüft (vgl. M 2.154 BSI 2009). Die Virus-Schutzprogramme müssen hierbei alle Dateitypen überprüfen und fähig sein, erkannte Schadsoftware zu entfernen. Die Viren-Schutzprogramme der Clients sind mit einer End-Point-Security ausgestattet. Diese Virenschutzprogramme sind so ausgelegt, dass diese eine „speicherresidente Betriebsart (on-access)" (M 2.157 BSI 2009) als auch eine Betriebsart mit manuellem Suchlauf (on-demand) beinhalten (vgl. M 2.157 BSI 2009). Die installierten Virenschutzprogramme werden regelmäßig aktualisiert (Service-Packs, Updates, Patches der Virenschutzprogramme selbst und der Anwendungen und Server, die mit Extern kommunizieren z. B. Mailserver). Die Browser werden so konfiguriert, dass der Zugriff bzw. die Speicherung aktiver Inhalte von nicht vertrauenswürdigen Seiten aus dem Internet nicht möglich ist. Auf allen IT-Systemen werden die lokalen Paketfilter aktiviert unter Einsatz der sog. Whitelist-Strategie (alle Verbindungen sind erst einmal verboten, bis diese explizit erlaubt werden). Zusätzlich wird, unter Berücksichtig der Datenschutzbestimmungen, der Netzverkehr protokolliert, um im Falle eines Angriffes oder einer Infizierung Schwachstellen aufdecken zu können (vgl. M 4.238 BSI 2013). Zur Verbergung der internen IP-Adressen wird eine NAT genutzt (meist ist diese Funktion in der Paketfilter-Firewall bereits integriert). So kann ein Rückschluss zu einzelnen Rechnern im internen Netz sowie ein direkter Angriff dieser Rechner vermieden werden (vgl. M 5.70 BSI 2013). Neben den Sicherheitsgateways zwischen der verschiedenen Krankenhausbereichen, über die nur die erwünschten Zugriffe und erlaubter Transfer von Datenpaketen stattfindet, wird ebenfalls ein Sicherheitsgateway zur Kommunikation mit dem Internet installiert (vgl. B 3.301 BSI 2011).

Da im Krankenhausbereich hoch kritische und sehr sensible Daten verarbeitet werden, unterliegen diese besonderen Schutzbedingungen (vgl. § 9 BDSG), so dass eine Verbindung mit dem Internet und dem internen Netz ein sehr umfangreiches Sicherheitsgateway benötigt. Die folgende Abbildung beschreibt den Aufbau des Sicherheitsgateways zwischen dem Internet und dem internen Netz mit Paketfilter (Stateful Inspection) und einem Application-Level-Gateway (mit Virenfilterung) inkl. der DMZ's.

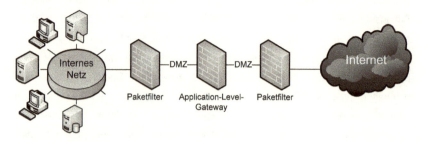

Abbildung 1: Sicherheitsgateway (eigene Darstellung i.A. an M 2.73 BSI 2013)

5.2   Organisatorischer Virenschutz

Folgende organisatorische Maßnahmen werden zum Schutz der IT vor Schadprogrammen umgesetzt (vgl. M 2.160 BSI 2009, M 2.224 BSI 2009):

Die Mitarbeiter werden hinsichtlich der Gefahren von Schadprogrammen sensibilisiert und über die Folgen einer Infektion aufgeklärt (z. B. Sichtkontrolle der E-Mail-Adresse bei dubiosen E-Mails mit Anhängen). Es werden Regelungen aufgestellt, wie mit Datenträgern und Datenübertragungen verfahren werden soll (z. B. Durchführung von Virenprüfungen).

Für den Infektionsfall werden Regelungen festgelegt, welche die Aufgaben, die Kompetenzen, die Verantwortlichkeiten und die Meldewege enthalten.

Zur Kommunikation mit externen Stellen (z. B. Kostenerstattungsstellen) werden digitale Signaturen bei der E-Mail-Kommunikation eingesetzt. Auf den Clients werden die Benutzerrechte auf ein notwendiges Minimum beschränkt, damit die Installation von Programmen aus dem Internet durch den Benutzer unterbunden wird. Zudem werden die Laufwerke der Clients gehärtet, sofern diese für den Arbeitsablauf nicht zwingend erforderlich sind.

5. Virtualisierung

Anstelle von Hardwarekomponenten wäre der Aufbau von Virtualisierungsservern denkbar. Die Virtualisierung dient der Einsparung von Ressourcen (Kühlung, Strom, Hardware usw.) und ist vor allem dann geeignet, wenn die Räumlichkeiten des Rechenzentrums stark begrenzt sind. Die virtualisierten Server sind leichter und zentral wartbar und können bei Hardwareproblemen zeitnah auf eine andere Hardwareplattform „umgezogen" werden (vgl. B 3.304 BSI 2011), was wiederrum einer hohen Verfügbarkeit der Systeme zu Gute kommt. Die Virtualisierung erleichtert zudem die Datensicherung, auch virtuelles Clustering von Servern ist möglich. Nichts desto trotz müssen auch virtuelle Server in ein Sicherheitskonzept eingebunden und zu sinnvollen Gruppen zusammengefasst werden (vgl. M 2.392 BSI 2013). Es muss dafür Sorge getragen werden, dass kein „Wildwuchs" entsteht. Die Virtualisierung der Server muss noch beherrschbar und managebar sein, was nicht zuletzt auch die Notwendigkeit an gut geschultem Personal mit sich bringt. Beim Einsatz der Virtualisierung ist vorab zu prüfen, ob die eingesetzten Betriebssysteme und Applikationen hierfür geeignet sind. Dies ist zum einen abhängig von der Anzahl der Zugriffe und somit der Last, welches die Systeme bewältigen müssen, zum anderen aber auch die Kritikalität des jeweiligen Systems. Sofern die Applikationen zwingend Hardwarekomponenten benötigen (z. B. Radiologiesystem mit CT, MRT), ist eine Virtualisierung nicht möglich. Auf Grund der hohen Performance- und Ressourcenanforderung sollte der Datenbankserver nicht in das Virtualisierungskonzept aufgenommen werden (zur Vermeidung von Leistungseinschränkungen bei Lastspitzen) (vgl. M 2.444 BSI 2011). Die Virtualisierung des Domänencontrollers ist zwar möglich, sollte aber kritisch bedacht. Beispielsweise kann die Zurücksetzung des Domänencontrollers durch Snapshots oder Klonung zu einer Beeinträchtigung des AD und somit zu einem USN-Rollback führen (vgl. Windowspro 2014). Virtualisiert werden können nicht-betriebskritische Server und Anwendungen wie z. B. der Mailserver, Webserver, Printserver, Authentifizierungs-, DHCP- und Zeitserver, Proxyserver usw.. Neben diesen Servern wird, wie bereits dargestellt, die Speicherlandschaft in Form einer SAN virtualisiert. Auf Grund der Kritikalität der Systeme im Krankenhaus, die primär für die Behandlung der Patienten notwendig sind, ist von einer Virtualisierung abzuraten. Das Risiko einer unvorhersehbaren Beeinflussung der Applikationen bei Aktualisierungen bzw. Wartungsarbeiten im Allgemeinen usw. ist nicht auszuschließen. Dieses Risiko kann nur durch den getrennten Betrieb der Systeme gewährleistet werden (Isolation und Kapselung auf eigene physische Server) (vgl. M 3.72 BSI 2011).

6. Kommunikationswege

Für die E-Mail-Kommunikation wird ein Groupware- und E-Mail-Transport-Server mit entsprechender Client-Software in Form eines PIM (Personal Information Manager) angeschafft. Jeder Mitarbeiter meldet sich mit seinem Benutzernamen und Passwort in der Client-Software an. Für den Zugriff auf fremde Postfächer, Kalender usw. muss ein Berechtigungskonzept vorliegen. Ein auf Gruppen basiertes Konzept erleichtert hierbei die Administration (vgl. M 4.163 BSI 2013).

Zum Schutz vor DoS-Attacken sollte die maximale Größe einer Nachricht, sowohl für eingehende als auch für ausgehende Nachrichten, festgelegt werden (vgl. M 4.162 BSI 2013). Eine Speicherplatzbegrenzung der Postfächer (Quota) hilft, die Ressourcen optimal aufzuteilen (vgl. M 4.305 BSI 2013). Um der Pflicht einer langfristigen Archivierung von E-Mails mit geschäftsrelevanten Inhalten nachzukommen, muss ein entsprechendes Datensicherungskonzept erarbeitet werden (vgl. M 6.90 BSI 2013). Auf dem Mailserver wird ein E-Mail-Scanner installiert, welcher die Anhänge der ein- und ausgehenden E-Mails auf Schadprogramme überprüft und Maßnahmen bei einer Infektion veranlasst (z. B. Zwischenspeicherung der Mail auf einem Quarantäneserver).

Zudem wird anhand von Richtlinien festgelegt, wann die Scannung der E-Mails erfolgt (Online- oder Store-and-Forward-Scanner) und wo diese angewandt werden. Zur Unterstützung des E-Mails-Scanners kommt ein SMTP-Gateway zum Einsatz, welches alle SMTP-Verbindungen überprüft (vgl. M 5.109 BSI 2013).

Für einen verschlüsselten Transfer der E-Mails wird ein S/MIME-Relay-Host zur Authentisierung in der DMZ eingerichtet (vgl. M 4.162 BSI 2013). Zur Gewährleistung des Schutzes der Integrität, Vertraulichkeit und Nichtabstreitbarkeit besteht zudem die Möglichkeit einer kryptografischen Absicherung durch beispielsweise VPN, einer Proxy-Lösung oder einer Client-zu-Client-Verschlüsselung per PGP (vgl. M 5.108 BSI 2013).

Der Mailserver muss sicherstellen, dass interne E-Mails an interne Benutzer auch nur intern weitergeleitet werden und keinen Umweg über das externe Netz nehmen. Durch die notwendige Verbindung des Mailservers zum Internet muss dieser ausreichend abgesichert werden. Daher wird der Mailserver im DMZ angesiedelt. Hierbei werden die Verbindungen ins interne Netz auf die notwendigen Protokolle beschränkt (vgl. M 5.56 BSI 2013, M 5.116 BSI 2013). Die Mailserver-Aktivitäten werden protokolliert, um bei Angriffen mögliche Schwachstellen sowie deren Auswirkungen identifizieren zu können.

7. Abkürzungsverzeichnis

AD	Active Directory
B	Bereich
BDSG	Bundesdatenschutzgesetz
Cat. (engl.)	Kategorie
CT	Computertomograph
DC	Domänen Controller
DHCP	Dynamic Host Configuration Protocol
DMZ	Demilitarisierte Zone
DoS	Denial of Service
F90	Feuerwiderstandsklasse (für 90 Minuten)
G	Gefährdung
KIS	Krankenhaus Informationssystem
LAN	Local Area Network
M	Maßnahme
MRT	Magnetresonanztomograph
NAT	Network Adress Translation
PGP	Pretty Good Privacy
PIM	Personal Information Manager

PoE	Power over Ethernet
RAID	Redundant Array of Independent Disks
S/MIME	Secure / Multipurpose Internet Mail Extensions
SAN	Storage Area Network
USN	Update Sequence Number
USV	Unterbrechungsfreie Stromversorgung
VPN	Virtual Private Network
WLAN	Wireless LAN
WPA2	Wi-Fi Protected Access 2

8. Abbildungsverzeichnis

9. Literaturverzeichnis

§ 9 BDSG   Bundesdatenschutzgesetz, § 9 Technische und organisatorische Maßnahmen, http://www.gesetze-im-internet.de/bdsg_1990/__9.html, Abrufdatum 21.08.2014

Anlage zu § 9 Satz 1, , http://www.gesetze-im-internet.de/bdsg_1990/anlage_79.html, Abrufdatum 21.08.2014

§ 35 Abs. 2 S. 2 Nr. 3 BDSG   Bundesdatenschutzgesetz, § 35 Berechtigung, Löschung und Sperrung von Daten, http://www.gesetze-im-internet.de/bdsg_1990/__35.html, Abrufdatum 21.08.2014

B 2.4 BSI 2009   B 2.4 Serverraum, Bundesamt für Sicherheit in der Informationstechnik, https://www.bsi.bund.de/DE/Themen/ITGrundschutz/ITGrundschutzKataloge/Inhalt/_content/baust/b02/b02004.html;jsessionid=C464EB3DB1257C8552DF2D0BCA8AE1F5.2_cid368, Abrufdatum 11.08.2014

B 3.301 BSI 2011   B 3.301 Sicherheitsgateway (Firewall), Bundesamt für Sicherheit in der Informationstechnik, https://www.bsi.bund.de/DE/Themen/ITGrundschutz/ITGrundschutzKataloge/Inhalt/_content/baust/b03/b03301.html, Abrufdatum 21.08.2014

B 3.304 BSI 2011   B 3.304 Virtualisierung, Bundesamt für Sicherheit in der Informationstechnik, https://www.bsi.bund.de/DE/Themen/ITGrundschutz/ITGrundschutzKataloge/Inhalt/_content/baust/b03/b03304.html, Abrufdatum 21.08.2014

BSI 2009   Sichere Nutzung von WLAN (ISi-WLAN), BSI –Leitlinie zur Internet-Sicherheit (ISi-L) Version 1.0, Bundesamt für Sicherheit in der Informationstechnik ISi-Projektgruppe, https://www.bsi.bund.de/SharedDocs/Downloads/DE/BSI/ Internetsicherheit/isi_wlan_leitlinie_pdf.html, Abrufdatum 12.08.2014

G 1.16 BSI 2005   G 1.16 Ausfall von Patchfeldern durch Brand, Bundesamt für Sicherheit in der Informationstechnik, https://www.bsi.bund.de/DE/Themen/ ITGrundschutz/ITGrundschutzKataloge/Inhalt/_content/g/g01/g01016.html, Abrufdatum 12.08.2014

G 1.4 BSI 2009   G 1.4 Feuer, Bundesamt für Sicherheit in der Informationstechnik, https://www.bsi.bund.de/DE/Themen/ITGrundschutz/ ITGrundschutzKataloge/Inhalt/_content/g/g01/g01004.html, Abrufdatum 12.08.2014

G 1.5 BSI 2009   G 1.5 Wasser, Bundesamt für Sicherheit in der Informationstechnik, https://www.bsi.bund.de/DE/Themen/ITGrundschutz/ ITGrundschutzKataloge/Inhalt/_content/g/g01/g01005.html, Abrufdatum 12.08.2014

G 3.78 BSI 2005   G 3.78 Fliegende Verkabelung, Bundesamt für Sicherheit in der Informationstechnik https://www.bsi.bund.de/DE/Themen/ITGrundschutz/ITGrundschutzKataloge/Inhalt /_content/g/g03/g03078.html, Abrufdatum 19.08.2014

G 4.1 BSI 2009   G 4.1 Ausfall der Stromversorgung, Bundesamt für Sicherheit in der Informationstechnik, https://www.bsi.bund.de/DE/Themen/ITGrundschutz/ITGrundschutzKataloge/Inhalt /_content/g/g04/g04001.html. Abrufdatum 19.08.2014

KL2014   Kazemi, R., Lenhard, Th. H., Datenschutz und Datensicherheit in der Rechtsanwaltskanzlei, Deutscher Anwaltsverlag, Bonn, 2014, ISBN 978-3-8240-5691-0

Len2014   Lenhard, Th. H., Datenschutz für Heilpraktiker (Teil 2), in Der Heilpraktiker – Fachzeitschrift für Natur- und Erfahrungsheilkunde, Ausgabe 06/2014, Verlag Volksheilkunde, Bonn, 2014, ISSN 1432-6256

Len2014b   Lenhard, Th. H., Datenschutz als Qualitätsindikator in der Klinik, VBSG-Nachrichten 01/2014, Verband für Berater, Sachverständige und Gutachter im Gesundheits- und Sozialwesen e.V., 2014, ISSN 1869-7623

M 1.18 BSI 2013   M 1.18 Gefahrenmeldeanlage, Bundesamt für Sicherheit in der Informationstechnik, https://www.bsi.bund.de/DE/Themen/ITGrundschutz/ITGrundschutzKataloge/Inhalt /_content/m/m01/m01018.html, Abrufdatum 19.08.2014

M1.23 BSI 2013, M 1.23 Abgeschlossene Türen, Bundesamt für Sicherheit in der Informationstechnik, https://www.bsi.bund.de/DE/Themen/ITGrundschutz/ITGrundschutzKataloge/Inhalt /_content/m/m01/m01023.html, Abrufdatum 19.08.2014

M1.24 BSI 2013   M 1.24 Vermeidung von wasserführenden Leitungen, Bundesamt für Sicherheit in der Informationstechnik, https://www.bsi.bund.de/DE/Themen/ITGrundschutz/ITGrundschutzKataloge/Inhalt /_content/m/m01/m01024.html, Abrufdatum 19.08.2014

M 1.27 BSI 2013   M 1.27 Klimatisierung der Technik / in Technikräumen, Bundesamt für Sicherheit in der Informationstechnik, https://www.bsi.bund.de/DE/Themen/ITGrundschutz/ITGrundschutzKataloge/Inhalt /_content/m/m01/m01027.html, Abrufdatum 19.08.2014

M 1.28 BSI 2013   M 1.28 Lokale unterbrechungsfreie Stromversorgung, Bundesamt für Sicherheit in der Informationstechnik. https://www.bsi.bund.de/DE/Themen/ITGrundschutz/ITGrundschutzKataloge/Inhalt /_content/m/m01/m01028.html, Abrufdatum 19.08.2014

M 1.4 BSI 2013   M 1.4 Blitzschutzeinrichtungen, Bundesamt für Sicherheit in der Informationstechnik, https://www.bsi.bund.de/DE/Themen/ITGrundschutz/ITGrundschutzKataloge/Inhalt /_content/m/m01/m01004.html, Abrufdatum 19.08.2014

M1.47 BSI 2009   M 1.47 Eigener Brandabschnitt, Bundesamt für Sicherheit in der Informationstechnik, https://www.bsi.bund.de/DE/Themen/ITGrundschutz/ITGrundschutzKataloge/Inhalt /_content/m/m01/m01047.html, Abrufdatum 19.08.2014

M 1.48 BSI 2009   M 1.48 Brandmeldeanlage im Rechenzentrum, Bundesamt für Sicherheit in der Informationstechnik, https://www.bsi.bund.de/DE/Themen/ITGrundschutz/ITGrundschutzKataloge/Inhalt /_content/m/m01/m01048.html, Abrufdatum 19.08.2014

M 1.51 BSI 2013   M 1.51 Brandlastreduzierung, Bundesamt für Sicherheit in der Informationstechnik, https://www.bsi.bund.de/DE/Themen/ITGrundschutz/ITGrundschutzKataloge/Inhalt /_content/m/m01/m01051.html, Abrufdatum 19.08.2014

M 1.62 BSI 2013   M 1.62 Brandschutz von Patchfeldern, Bundesamt für Sicherheit in der Informationstechnik, https://www.bsi.bund.de/DE/Themen/ITGrundschutz/ITGrundschutzKataloge/Inhalt /_content/m/m01/m01062.html, Abrufdatum 19.08.2014

M. 1.69 BSI 2013   M 1.69 Verkabelung in Serverräumen, Bundesamt für Sicherheit in der Informationstechnik, https://www.bsi.bund.de/DE/Themen/ITGrundschutz/ITGrundschutzKataloge/Inhalt /_content/m/m01/m01069.html, Abrufdatum 19.08.2014

M 1.7 BSI 2013　M 1.7 Handfeuerlöscher, Bundesamt für Sicherheit in der Informationstechnik,
https://www.bsi.bund.de/DE/Themen/ITGrundschutz/ITGrundschutzKataloge/Inhalt
/_content/m/m01/m01007.html, Abrufdatum 19.08.2014

M 1.8 BSI 2013　M 1.8 Raumbelegung unter Berücksichtigung von Brandlasten, Bundesamt für Sicherheit in der Informationstechnik,
https://www.bsi.bund.de/DE/Themen/ITGrundschutz/ITGrundschutzKataloge/Inhalt
/_content/m/m01/m01008.html, Abrufdatum 19.08.2014

M 1.80 BSI 2013　M 1.80 Zutrittskontrollsystem und Berechtigungsmanagement, Bundesamt für Sicherheit in der Informationstechnik,
https://www.bsi.bund.de/DE/Themen/ITGrundschutz/ITGrundschutzKataloge/Inhalt
/_content/m/m01/m01080.html, Abrufdatum 19.08.2014

M 2.154 BSI 2009　M 2.154 Erstellung eines Sicherheitskonzeptes gegen Schadprogramme, Bundesamt für Sicherheit in der Informationstechnik,
https://www.bsi.bund.de/DE/Themen/ITGrundschutz/ITGrundschutzKataloge/Inhalt
/_content/m/m02/m02154.html, Abrufdatum 21.08.2014

M 2.157 BSI 2009　M 2.157 Auswahl eines geeigneten Viren-Schutzprogramms, Bundesamt für Sicherheit in der Informationstechnik,
https://www.bsi.bund.de/DE/Themen/ITGrundschutz/ITGrundschutzKataloge/Inhalt
/_content/m/m02/m02157.html, Abrufdatum 21.08.2014

M 2.160 BSI 2009　M 2.160 Regelungen zum Schutz vor Schadprogrammen, Bundesamt für Sicherheit in der Informationstechnik.
https://www.bsi.bund.de/DE/Themen/ITGrundschutz/ITGrundschutzKataloge/Inhalt
/_content/m/m02/m02160.html, Abrufdatum 21.08.2014

M 2.17 BSI 2013   M 2.17 Zutrittsregelung und –kontrolle, Bundesamt für Sicherheit in der Informationstechnik, https://www.bsi.bund.de/DE/Themen/ITGrundschutz/ITGrundschutzKataloge/Inhalt /_content/m/m02/m02017.html, Abrufdatum 21.08.2014

M 2.224 BSI 2009 M 2.224 Vorbeugung gegen Schadprogramme, Bundesamt für Sicherheit in der Informationstechnik, https://www.bsi.bund.de/DE/Themen/ITGrundschutz/ITGrundschutzKataloge/Inhalt /_content/m/m02/m02224.html, Abrufdatum 19.08.2014

M 2.276 BSI 2013 M 2.276 Funktionsweise eines Routers, Bundesamt für Sicherheit in der Informationstechnik, https://www.bsi.bund.de/DE/Themen/ITGrundschutz/ITGrundschutzKataloge/Inhalt /_content/m/m02/m02276.html, Abrufdatum 19.08.2014

M 2.314 BSI 2013 M 2.314 Verwendung von hochverfügbaren Architekturen für Server, Bundesamt für Sicherheit in der Informationstechnik, https://www.bsi.bund.de/DE/Themen/ITGrundschutz/ITGrundschutzKataloge/Inhalt /_content/m/m02/m02314.html, Abrufdatum 19.08.2014

M 2.354 BSI 2013 M 2.354 Einsatz einer hochverfügbaren SAN-Konfiguration, Bundesamt für Sicherheit in der Informationstechnik, https://www.bsi.bund.de/DE/Themen/ITGrundschutz/ITGrundschutzKataloge/Inhalt /_content/m/m02/m02354.html, Abrufdatum 19.08.2014

M 2.392 BSI 2013 M 2.392 Modellierung von Virtualisierungsservern und virtuellen IT-Systemen, Bundesamt für Sicherheit in der Informationstechnik, https://www.bsi.bund.de/DE/Themen/ITGrundschutz/ITGrundschutzKataloge/Inhalt /_content/m/m02/m02392.html, Abrufdatum 21.08.2014

M 2.444 BSI 2011 M 2.444 Einsatzplanung für virtuelle IT-Systeme, Bundesamt für Sicherheit in der Informationstechnik, https://www.bsi.bund.de/DE/Themen/ITGrundschutz/ITGrundschutzKataloge/Inhalt /_content/m/m02/m02444.html, Abrufdatum 21.08.2014

M 2.73 BSI 2013 M 2.73 Auswahl geeigneter Grundstrukturen für Sicherheitsgateways, Bundesamt für Sicherheit in der Informationstechnik, https://www.bsi.bund.de/DE/Themen/ITGrundschutz/ITGrundschutzKataloge/Inhalt /_content/m/m02/m02073.html, Abrufdatum 19.08.2014

M 3.72 BSI 2011 M 3.72 Grundbegriffe der Virtualisierungstechnik, Bundesamt für Sicherheit in der Informationstechnik, https://www.bsi.bund.de/DE/Themen/ITGrundschutz/ITGrundschutzKataloge/Inhalt /_content/m/m03/m03072.html, Abrufdatum 21.08.2014

M 4.138 BSI 2013 M 4.138 Konfiguration von Windows Server als Domänen-Controller, Bundesamt für Sicherheit in der Informationstechnik, https://www.bsi.bund.de/DE/Themen/ITGrundschutz/ITGrundschutzKataloge/Inhalt /_content/m/m04/m04138.html, Abrufdatum 19.08.2014

M 4.162 BSI 2013 M 4.162 Sichere Konfiguration von Exchange-Servern, Bundesamt für Sicherheit in der Informationstechnik, https://www.bsi.bund.de/DE/Themen/ITGrundschutz/ITGrundschutzKataloge/Inhalt /_content/m/m04/m04162.html, Abrufdatum 19.08.2014

M 4.163 BSI 2013 M 4.163 Zugriffsrechte auf Exchange-Objekte, Bundesamt für Sicherheit in der Informationstechnik, https://www.bsi.bund.de/DE/Themen/ITGrundschutz/ITGrundschutzKataloge/Inhalt /_content/m/m04/m04163.html, Abrufdatum 19.08.2014

M 4.238 BSI 2013 M 4.238 Einsatz eines lokalen Paketfilters, Bundesamt für Sicherheit in der Informationstechnik, https://www.bsi.bund.de/DE/Themen/ITGrundschutz/ITGrundschutzKataloge/Inhalt /_content/m/m04/m04238.html, Abrufdatum 19.08.2014

M 4.305 BSI 2013 M 4.305 Einsatz von Speicherbeschränkungen (Quotas), Bundesamt für Sicherheit in der Informationstechnik, https://www.bsi.bund.de/DE/Themen/ITGrundschutz/ITGrundschutzKataloge/Inhalt /_content/m/m04/m04305.html, Abrufdatum 19.08.2014

M 5.108 BSI 2013 M 5.108 Kryptographische Absicherung von Groupware bzw. E-Mail, Bundesamt für Sicherheit in der Informationstechnik, https://www.bsi.bund.de/DE/Themen/ITGrundschutz/ITGrundschutzKataloge/Inhalt /_content/m/m05/m05108.html, Abrufdatum 19.08.2014

M 5.109 BSI 2013 M 5.109 Einsatz eines E-Mail-Scanners auf dem Mailserver, Bundesamt für Sicherheit in der Informationstechnik, https://www.bsi.bund.de/DE/Themen/ITGrundschutz/ITGrundschutzKataloge/Inhalt /_content/m/m05/m05109.html, Abrufdatum 19.08.2014

M 5.116 BSI 2013 M 5.116 Integration eines E-Mailservers in ein Sicherheitsgateway, Bundesamt für Sicherheit in der Informationstechnik, https://www.bsi.bund.de/DE/Themen/ITGrundschutz/ITGrundschutzKataloge/Inhalt /_content/m/m05/m05116.html, Abrufdatum 19.08.2014

M 5.56 BSI 2013   M 5.56 Sicherer Betrieb eines Mailservers, Bundesamt für Sicherheit in der Informationstechnik, https://www.bsi.bund.de/DE/Themen/ITGrundschutz/ITGrundschutzKataloge/Inhalt /_content/m/m05/m05056.html, Abrufdatum 19.08.2014

M 5.70 BSI 2013   M 5.70 Adreßumsetzung - NAT (Network Address Translation), Bundesamt für Sicherheit in der Informationstechnik, https://www.bsi.bund.de/DE/Themen/ITGrundschutz/ITGrundschutzKataloge/Inhalt /_content/m/m05/m05070.html, Abrufdatum 19.08.2014

M 6.41 BSI 2013   M 6.41 Übungen zur Datenrekonstruktion, Bundesamt für Sicherheit in der Informationstechnik, https://www.bsi.bund.de/DE/Themen/ITGrundschutz/ITGrundschutzKataloge/Inhalt /_content/m/m06/m06041.html, Abrufdatum 19.08.2014

M 6.90 BSI 2013   M 6.90 Datensicherung und Archivierung bei Groupware und E-Mail, Bundesamt für Sicherheit in der Informationstechnik, https://www.bsi.bund.de/DE/Themen/ITGrundschutz/ITGrundschutzKataloge/Inhalt /_content/m/m06/m06090.html, Abrufdatum 19.08.2014

Minimax 2014a   MX 1230 Feuerlöschanlagen, Minimax GmbH & Co. KG, http://www.minimax.de/de/produkte/gassysteme/mx1230novec/, Abrufdatum 12.08.2014

Minimax 2014b   Rohrabschottungen, Minimax GmbH & Co. KG, http://www.minimax.de/de/produkte/bauschutz/rohrabschott/index.html Abrufdatum 12.08.2014

Minimax 2014c   Kabelbeschichtungen, Minimax GmbH & Co. KG, http://www.minimax.de/de/produkte/bauschutz/kabelbeschicht/ Abrufdatum 12.08.2014

Storitback 2014   Stor IT Back Annette Bornemann und Stephan Kranz, GbR, http://www.storitback.de/service/san.html, Abrufdatum 12.08.2014

Windowspro 2014 http://www.windowspro.de/wolfgang-sommergut/domaenen-controller-unter-windows-server-2012-virtualisieren, Abrufdatum 18.08.2014

Anhang: Ist-Zustand

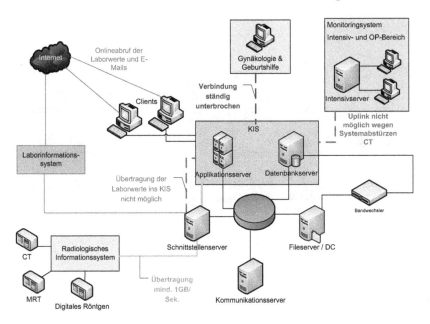

Anhang: Gebäudeverkabelung

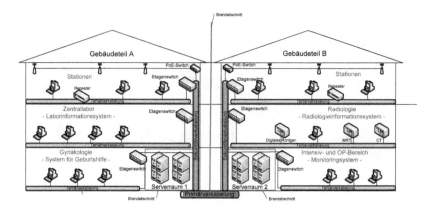

Anhang: Soll-Konzept

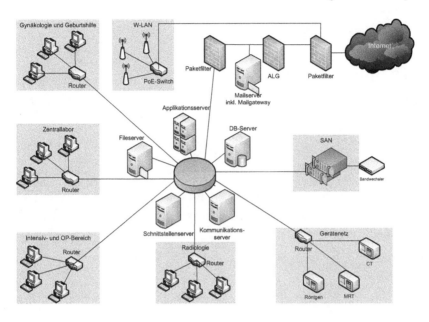

Julian Müller

Modernisierung einer IT-Infrastruktur
im klinischen Bereich

Inhalt

1. Abkürzungsverzeichnisses

BSI	Bundesamt für Sicherheit in der Informationstechnik
KIS	Krankenhausinformationssystem
RIS	Radiologieinformationssystem
CT	Computertomografie
MRT	Magnetresonanztomografie
ERP	Enterprise Ressource Planning
RAID	Redundant Array of Independent Disks
SAN	Storage Area Network
LAN	Local Area Network
WAN	Wide Area Network
ISP	Internet Service Provider
USV	Unterbrechungsfreie Stromversorgung
PACS	Picture Archiving and Communication System
PGP	Pretty Good Privacy
SSL	Secure Sockets Layer
DC	Domain Controller
WLAN	Wireless Local Area Network
URL	Uniform Resource Locator

2. Einführung in die Thematik Modernisierung einer IT-Infrastruktur im kritischen Umfeld Krankenhaus

Der gegebene Sachverhalt ist die Beschreibung der IT-Infrastruktur eines Krankenhauses, die durch einen Sachverständigen beanstandet wurde und modernisiert werden muss. Das zu modernisierende Objekt ist ein Krankenhaus mit 870 Betten und 1350 Mitarbeitern. Die vorhandene IT befindet sich in einem desolaten Zustand und entspricht weder den Vorgaben des IT-Grundschutzes, noch Richtlinien in den Bereichen Datenschutz, Sicherheit und Archivierung. Krankenhäuser zählen für das „Bundesamt für Sicherheit in der Informationstechnik"(BSI) zu den kritischen IT-Infrastrukturen und es werden erhöhte Sicherheitsstandards benötigt, da ein Ausfall der Krankenhaussysteme im schlimmsten Fall den Tod für dort untergebrachte Patienten bedeuten kann. Krankenhäuser sind in der heutigen Zeit nicht mehr nur von der Strom und Wasserzufuhr abhängig, sondern auch immer mehr von der gegebenen IT-Infrastruktur, da diese für die Optimierung und Leistungssteigerung von den internen/externen Abläufen (Prozessen) notwendig ist. Dabei besteht der Nutzen einer solchen Infrastruktur nicht nur darin, Leistung zu steigern, sondern viele dieser Systeme bieten eine Erleichterung für das Personal und eine qualitativ hochwertigere Behandlung[1] für die Patienten.[2]

Ein Krankenhausinformationssystem (KIS) bildet den Mittelpunkt der klinischen IT-Infrastruktur und ist nach Definition „das sozio-technische Teilsystem eines Krankenhauses, welches alle informationsverarbeitenden Prozesse und die an ihnen beteiligten menschlichen und maschinellen Handlungsträger in ihrer informationsverarbeitenden Rolle umfasst."[3] Dabei sorgt ein KIS auch dafür, dass das Fünfte Buch des Sozialgesetzbuches eingehalten wird: Dieses besagt, dass

---

[1] Lenhard, Thomas H., Datenschutz als Qualitätsindikator in der Klinik
[2] Vgl. BSI, Schutz kritischer Infrastrukturen, Seite 1.
[3] WINTER, Alfred, Seite 19.

es nicht ausreicht, Informationen nur unorganisiert schriftlich zu erfassen[4], sondern der komplette Behandlungsverlauf einheitlich dokumentiert und gesteuert werden muss. Somit kann die Kommunikation zwischen den Mitarbeitern verbessert und der organisatorische Ablauf innerhalb des Krankenhauses optimiert werden.[5] Das KIS ist jedoch nicht die/das einzige kritische Anwendung/System in diesem Krankenhaus – hinzukommen Laborinformations- und Röntgeninformationssystem, Bildgebende Geräte (CT, MRT, u.a.), Intensiv-Monitoring sowie ein System zur Geburtshilfe. In dieser Arbeit soll ein Handlungsplan entworfen werden, wie die IT-Infrastruktur effizient umgestellt werden sollte, damit den Mitarbeitern ein unterstützendes IT-System zur Verfügung steht und die Behandlung der Patienten effektiv und mit einer hohen Qualität durchgeführt werden kann. Des Weiteren müssen gesetzliche Regelungen genau betrachtet und beachtet werden, damit ein Höchstmaß an Datensicherheit und Verfügbarkeit geboten werden kann.

3. Beantwortung der gegebenen Problemstellung

3.1 Aufgabe 1

Fragestellung: „Würdigen Sie den hier beschriebenen Sachverhalt und nehmen Sie dabei Bezug auf verschiedene Handlungsfelder (Gefährdungspotentiale) der IT-Infrastruktur."

3.1.1 IST-Analyse

Damit das Projekt erfolgreich umgesetzt werden kann, wird die IT-Infrastruktur vorab einer IST-Analyse unterzogen, damit Probleme erkannt und visualisiert werden können. Aus der gegebenen Beschreibung werden sowohl eine Skizze

---

[4] Vgl. WIKIPEDIA, KIS, Abruf 12.08.2014.
[5] Ebd.

des Gebäudes als auch ein Netzplan erstellt, um einen ersten Überblick zu gewähren.

3.1.1.1 Skizze des Gebäude zur Fehlervisulisierung

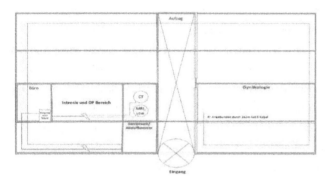

3.1.1.2 Netzplan des IST-Zustand zur Fehlervisulisierung

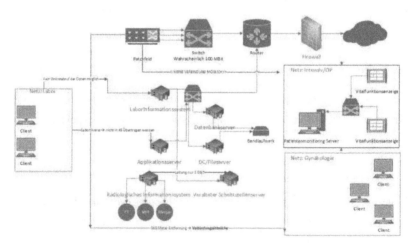

3.1.1.3 Bildmaterial

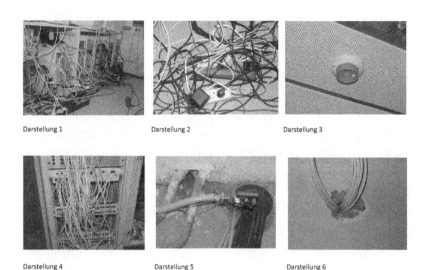

Darstellung 1   Darstellung 2   Darstellung 3

Darstellung 4   Darstellung 5   Darstellung 6

Die Aufnahmen des Sachverständigen werden zur Dokumentation des IST-Zustands verwendet, eine Bewertung der Bilder erfolgt im nächsten Kapitel.

3.1.2 Auswertung und Bewertung des IST-Zustands

Der Zustand der IT-Infrastruktur des Krankranhauses befindet sich allgemein in einem sehr desolaten und gefährlichen Zustand. Die Installationen wurden unprofessionell umgesetzt und es ist kein Konzept dahinter zu erkennen. Des Weiteren wurden keinerlei Anforderungen an den Daten-, Katastrophen- und Sabotage-Schutz eingehalten. Durch diesen Umstand kann das Krankenhaus keinen sicheren Betrieb gewährleisten und es stehen Patientenleben auf dem Spiel. Abläufe und Qualitätsmanagement sind mit diesen Gegebenheiten unmöglich zu steuern oder zu überwachen und es besteht dringender Handlungsbedarf.

3.1.2.1 Die Gebäudeverkabelung

Das Gebäude wurde mit Netzwerkkabeln der Kategorie Cat-5 (nach EN 50173 Cat-5e) verkabelt. Die längste dokumentierte Kabelstrecke zum Serverraum beläuft sich auf 162 Meter, es ist jedoch von längeren Strecken auszugehen. Diese Verkabelungsart ist in kleineren Betrieben noch häufig vorzufinden, jedoch sollte in einer solch großen Institution Abstand davon genommen werden. Bei einer sauberen Verkabelung (wovon nicht auszugehen ist) wäre eine Übertragung von 1000Base-T, also 1 GB/s zu erreichen, jedoch auf einer maximalen Kabellänge von 100 Metern.[6] Eine Messung dieser Verkabelung nach EN 50173/ ISO/IEC 11801 (2. Auflage) würde mit sehr hoher Wahrscheinlichkeit starke Abweichungen von den Richtwerten ergeben, wodurch sowohl die Verbindungsabbrüche als auch die gegebenen Verbindungsprobleme, die auf dem Gebäude- und Netzplan eingezeichnet sind, zu erklären wären.

Die beschriebenen Netzwerkprobleme wurden bereits erkannt und durch einen externen Anbieter eine Vernetzung mit Glasfaserkabel (Multimode 50/125) durchgeführt, jedoch wurde dieses Netz trotz vorliegender Messprotokolle nicht in Betrieb genommen. Abschließend kann festgestellt werden, dass diese Verkabelung nicht unter Berücksichtigung der EN 50173-1 für Anwendungsneutrale Verkabelungssysteme (November 2002) installiert und die Netzwerkabschnitte nicht in Sekundär- und Tertiär-Bereiche unterteilt wurden, ergo keine strukturierte Verkabelung vorliegt.[7]

---

[6]Vgl. ELEKTRONIK KOMPENDIUM, GBE.
[7]Vgl. ELEKTRONIK KOMPENDIUM, Strukturierte Verkabelung.

3.1.2.2 Serverraum/Abstellkammer

Der Serverraum wird nicht ausschließlich als Betriebsraum für Server, sondern auch als Lager/Abstellkammer genutzt, hierdurch ergeben sich erhöhte Gefahrenpotentiale im Hinblick auf Daten-, Katastrophen- und Sabotage-Schutz. Jedoch wurden bei der Planung noch weitere Punkte unbeachtet gelassen, wie die Abbildungen 1-6 dokumentieren. Ein Serverraum sollte nach BSI in einem kritischen Umfeld als eigener Brandabschnitt geplant und umgesetzt werden, da durch die vielen elektronischen Geräte ein erhöhtes Gefahrenpotential besteht. Wände, Türen, Decken sowie die Durchbrüche sollten den F90-Ansprüchen genügen und dadurch dem Übergriff eines Feuers auf das restliche Gebäude mindestens 90 Minuten standhalten.[8]

Abbildung 1, 2 und 4 dokumentieren eine fliegende Verkabelung, dies sollte stets verhindert werden, da durch Ungeschicklichkeit des Administrators oder anderer Mitarbeiter schnell eine nicht mehr zuzuordnende Verbindung gekappt werden könnte. Im schlimmsten Fall wäre die Folge der Ausfall mehrerer Systeme.[9]

Abbildung 2 zeigt einen weiteren Gefahrenherd, da die verwendeten veralteten und ohne Überlastungs-/Überspannungsschutz ausgestatten Mehrfachsteckdosen sowohl durchbrennen als auch zu einen Brand führen können.[10]

Abbildung 3 zeigt auf, dass die verbaute Gefahrenmeldeanlage, bzw. der Feuermelder nur eine Attrappe ist, jener keinerlei Funktion aufweist und somit kein funktionierendes Brandschutzkonzept installiert wurde. Weitere Gefahrenmeldeanlagen wie beispielsweise Bewegungsmelder,

---

[8]Vgl. BSI, M 1.47.
[9]Vgl. BSI, G 3.78.
[10]Vgl. BSI, G 0.1.

Glasbruchsensoren, Öffnungskontakte, Videokameras u.a. sind nicht vorhanden. Sind solche Schutzmechanismen verbaut, sollten sie regelmäßig nach DIN VDE 0833 Teil 1-3 Gefahrenmeldeanlagen für Brand, Einbruch und Überfall getestet und gewartet werden[11]

Abbildung 4 visualisiert einen Serverschrank mit eingebauten 19 Zoll Patchfeldern, wie er nicht aussehen sollte. Davon abgesehen, dass auch hier eine chaotische/fliegende Verkabelung vorliegt, sollte ein Serverschrank immer geschlossen sein, um unberechtigten Zugriff zu verhindern. Auch bei den Patchfeldern wird in diesem Serverraum der Brandschutz konsequent missachtet, die Zuleitungen liegen ungeschützt auf dem Boden und nicht in dafür vorgesehenen Kabelkanälen. Da in diesem Fall „Serverraum" und „Raum für technische Infrastruktur" nicht voneinander getrennt sind, sollte der Verteilerschrank, welcher die Patchfelder beherbergt, der Richtlinie E-90 entsprechen.[12]

Abbildung 5 dokumentiert drei zu behebende Gefahrenpotentiale:

- Anstelle eines Kabelkanals wird ein „Multifunktionsrohr" zur Kabelführung verwendet, wie dies optimal werden sollte, wurde bereits beschrieben.
- Das beschriebene „Multifunktionsrohr" wird auch zur Ableitung des Kondenswassers der Klimaanlage verwendet, wie das Wasser danach abfließen soll, bleibt unklar (Überschwemmungsgefahr). Das Kondenswasser sollte ohne Gefahr für die IT-Infrastruktur aus dem Serverraum abgeleitet werden, bei der Installation sollte die Maßnahme M 1.24 („Vermeidung von

---

[11]Vgl. BSI, M 1.18.
[12]Vgl. BSI, M 1.62.

wasserführenden Leitungen") des BSI Maßnahmenkataloges zum IT-Grundschutz unbedingt beachtet werden.[13]

- Im Serverraum wurden ungeschützte, baufällige Wasserleitungen verlegt, ein Abfluss oder andere Schutzmaßnahmen zur Überwachung des Wasserstandes/der Vermeidung einer Überschwemmung sind jedoch nicht vorhanden.

- Nach Möglichkeit sollten die Wasserleitungen aus dem Serverraum entfernt werden, falls dies aufgrund der baulichen Gegebenheiten nicht machbar ist, sollte die Regel M 1.14 („Selbsttätige Entwässerung") des BSI befolgt werden.[14]

Abbildung 6 zeigt einen Wanddurchbruch zur Kabelführung, dieser wurde weder in einem dafür zertifiziertem Kabelkanal unternommen, noch ist der Durchbruch durch eine den F90 Vorgaben entsprechende Brandschutzmasse versiegelt und gekennzeichnet. In diesem Fall kann ein Brand über die Kabel auf das ganze Gebäude übergreifen und Wände und Türen können dies nicht verhindern.[15] Auf den Bildern lässt sich nicht erkennen, ob eine unterbrechungsfreie Stromversorgung (USV) verbaut wurde, diese schützt die Systeme bei einem Ausfall des Stroms, bzw. kann im Optimalfall die Zeit bis zur Aktivierung des krankenhauseigenen Notstromaggregats überbrücken. Des Weiteren können durch aktive USVs Spannungsschwankungen abgefangen und so die Systeme geschützt werden, falls z.B. durch einen Blitzschlag eine Spannungsspitze entsteht. Das BSI empfiehlt in Kapitel M 1.70 („Zentrale unterbrechungsfreie Stromversorgung") und in M 1.28 („Lokale unterbrechungsfreie Stromversorgung") den Einbau dieser Schutzsysteme.[16], [17]

---

[13]Vgl. BSI, M 1.24.
[14]Vgl. BSI, M.1.14.
[15]Vgl. BSI, M 1.9.
[16]Vgl. BSI, M 1.70.
[17]Vgl. BSI, M 1.28.

Auch bleibt unklar, ob der Serverraum geschlossen bzw. gegen unautorisierte Besucher ausreichend geschützt ist. Die Wahl einer entsprechenden Tür, die nicht nur dem Brandschutz genügt, sondern auch den Zutritt kontrolliert und gegebenenfalls verweigert spielt eine große Rolle. Es sollte ein umfassendes Zutrittskontrollkonzept vorhanden sein, damit nur berechtigte Personen entsprechende Bereiche aufsuchen können.[18]

3.1.2.3 Redundanzen und Anforderungsanalyse

Aufgrund der Beschreibung ist davon auszugehen, dass der Ausfall einer/s oder mehrerer Server/Klimaanlagen/Netzknoten nicht eingeplant ist und keine redundanten Systeme verbaut wurden. Das BSI beschreibt in seinem Maßnahmenkatalog M 1.52 („Redundanz, Modularität und Skalierbarkeit in der technischen Infrastruktur"), welch große Rolle die Redundanz im Bereich der IT-Infrastruktur spielt.

Durch den Ausfall eines oder mehrerer Systeme kann der ganze Krankenhausbetrieb zum Erliegen kommen. Eine Anforderungsanalyse des Sachverständigen ergab die auf der folgenden Seite tabellarisch aufgeführten Werte:

---

[18]Vgl. BSI, M 2.17.

Server/System	max. Ausfallzeit pro Jahr	Bemerkung
Domänen-Controller	15 Min.	ohne DC ist keine Anmeldung an den Systemen möglich, die Arbeit mit der IT kommt vollkommen zum erliegen
Fileserver	4 Stunden	massive Behinderung der Arbeitsabläufe
Laborinformationssystem	15 Min.	Notfalluntersuchungen sind zwar noch möglich, jedoch stehen Ergebnisse bereits durchgeführter Untersuchungen nicht zur Verfügung → akute Lebensgefahr für Patienten
Krankenhausinformationssystem (KIS/ERP)	4 Stunden	massive Behinderung der Arbeitsabläufe
Röntgeninformationssystem	4 Stunden	massive Behinderung der Arbeitsabläufe
Bildgebende Geräte (CT, MRT, u.a.)	15 Min.	Abmeldung der Klinik bei der Notfallzentrale
Intensiv-Monitoring	15 Min.	kurzfristig kann eine Überwachung an jedem Gerät erfolgen, zentrale Überwachung steht nicht mehr zur Verfügung
Geburtshilfe	8 Stunden	massive Behinderung der Arbeitsabläufe
Netzwerk	15 Min.	massive Behinderung der Arbeitsabläufe

Diese ermittelten Ausfallwerte können ohne Redundanzen/Fail-Over-Systeme unmöglich eingehalten werden sind jedoch unabdingbar, da die IT des

Krankhauses immense Anforderungen an die Thematik der Hochverfügbarkeit stellt. Wie aus der Tabelle zu erkennen ist, muss sich die Klinik bei einem Ausfall der Bildgebenden Geräte unverzüglich bei der Notfallzentrale abmelden. Dies hat den Nachteil, dass Notfallpatienten in ein weiter entferntes Klinikum gebracht werden müssen, wodurch lebensbedrohliche Szenarien entstehen können.

3.1.2.4 Weitere Gefahrenpotentiale/Kritikpunkte

Das Gutachten zeigt auf, dass der Server für das Monitoring der Patienten aus dem Serverraum „ausgelagert" und unter einem Schreibtisch im Intensiv-Bereich der Klinik untergebracht wurde, da eine Verbindung der Systeme zum Absturz des Computertomographen führt. Dieser Zustand ist untragbar, da alle Systeme abgesichert in einem Serverraum untergebracht werden sollten. Der richtige Ansatz wäre gewesen, die Netzwerkproblematik zu beheben und nicht den Server in einen anderen, ungesicherten Gebäudeabschnitt zu verlegen. Der Server kann unbeabsichtigt/mutwillig von jedem abgeschaltet werden und eine Sicherung des Systems ist nicht möglich, da keine Kommunikation zum Serverraum besteht.[19]

Die durch das CT/MRT/Röntgen gewonnenen Bilddaten unterliegen verschiedenen Restriktionen und es bedarf einer Sicherung von i.d.R. 30 Jahren. Die Daten werden in diesem Fall zwar gesichert, jedoch werden die Bänder bereits seit 2 Jahren immer wieder überschrieben und es wurde bisher noch kein Rücksicherungstest unternommen.

Dies kann für das Krankenhaus rechtliche Folgen haben, wenn Patientendaten verloren gehen, da keine rechtmäßige Archivierung stattgefunden hat.

Das Laborsystem ist bisher noch nicht wirklich eingebunden, dieser Zustand sollte dringend geändert werden, damit alle Daten zentral im KIS gesammelt werden können.

---

[19] BSI, M 1.58.

Allgemein ist sehr fraglich, ob die gegebene IT-Infrastruktur den Anforderungen des Datenschutzes und der Datensicherheit genügt und die Systeme ausreichend geschützt sind gegen Attacken von außerhalb, innerhalb, Sabotage oder Virenbefall.

Im Schadensfall können Patienten oder Betroffene den Betreiber des Krankenhauses verklagen, da keinerlei Regularien bei der Umsetzung dieses Systems beachtet wurden.

3.2 Aufgabe 2

Fragestellung: „Skizzieren Sie ein Konzept für die Modernisierung des Netzwerks. Beschreiben Sie welche Technologien Sie einsetzen und warum. Erläutern Sie auch, welche aktiven Komponenten (Hub, Router, Firewall, etc.) sie zukünftig einsetzen werden und welche Gedanken und Anforderungen für die Auswahl ausschlaggebend sind."

3.2.1. SOLL-Planung

Die SOLL-Planung zeigt den zu erreichenden optimalen Zustand an. Er entspricht einer Orientierungshilfe, wie der momentane Zustand verbessert und optimiert werden kann.

Um Dopplungen zu vermeiden wird auf die Themenpunkte getrennte Serverräume, Ausfallsicherheit, Fileserver, Domänen-Controller, technische Konfiguration, Backup- und Recovery-Lösung, Schadsoftware, Virtualisierung und Mailserver in den dafür vorgesehenen Fragestellungen genauer eingegangen.

3.2.1.1 Gebäudegrundriss nach Umbaumaßnahmen

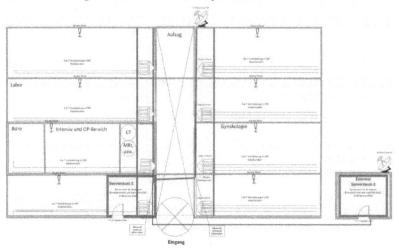

3.2.1.2 SOLL-Netzplan der erneuerten IT-Infrastruktur

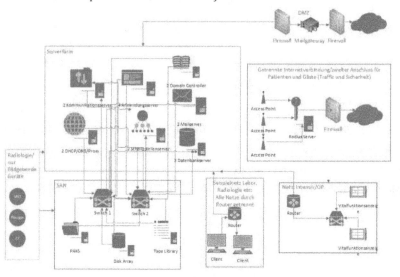

3.2.1.3 Beschreibung des SOLL-Zustands

Die folgende Beschreibung nimmt Bezug auf die erstellten Gebäude und Netzwerkpläne: Die Neuplanung der IT umfasst eine komplett überarbeitete Netzwerkstruktur, damit ein unbedingt benötigtes Sicherheitskonzept umgesetzt werden kann. Hierfür werden die verschiedenen Krankenhausbereiche in eigene Netzwerke unterteilt, die durch Hardwareeinsatz voneinander getrennt, also in Subnetze unterteilt sind. Die Trennung erfolgt durch den Einsatz von Hochleistungsroutern, die so konfiguriert werden, dass ein Datenaustausch zwischen den Netzen durch noch zu erstellende Regeln auf bestimmte Dienste beschränkt wird.

Damit im kompletten Netzwerk eine zukunftsfähige Übertragungsgeschwindigkeit gegeben ist, werden alle Etagenverteiler mit 10-Gigabit-Ethernet-Switches ausgestattet, die redundant auszulegen sind und zwingend das Rapid Spanning Tree Protocol zum Vermeiden und Aufspüren von Netzwerkschleifen beherrschen sollten.

Der Einsatz von Hubs ist nicht mehr zeitgemäß und sollte vermieden werden.

Die zweitstufige-Firewall-Lösung ist zwingend notwendig um das Netzwerk ausreichend vor Angriffen von außen zu schützen und den Netzwerkverkehr zu überwachen. Die Firewalls sollten von unterschiedlichen Herstellern sein, damit eventuell „geleakte" Schwachstellen durch den doppelten Schutz nicht ins Gewicht fallen. Der First-Level-Schutz wird durch eine „Hybride-Firewall" übernommen, die die Eigenschaften einer Paket- und Applikationen-Level-Firewall vereint und durch eine sehr hohe Performance überzeugen kann. Der Second-Level-Schutz wird durch eine Proxy-Firewall übernommen, diese kommuniziert als Stellvertreter für den ursprünglichen Host und leitet die empfangenen Pakete erst nach einer Überprüfung weiter. Bei der Konfiguration werden vorerst alle Wege nach außen und nach innen blockiert und anschließend die benötigten Ports/Dienste einzeln aktiviert um die Funktionalität zu gewährleisten, unnötige Schwachstellen jedoch zu vermeiden.

Für Patienten und Besucher ist ein komplett eigenständiges Netzwerk mit separater Verbindung zu einem ISP geplant. Dies geschieht vor dem Hintergrund, dass für das Personal und die Server immer ausreichend Bandbreite zur Verfügung stehen muss. Hierdurch entsteht auch eine höhere Sicherheitsstufe, da die Netze technisch komplett voneinander getrennt betrieben werden können und ein Übergriff auf das Firmennetz somit unmöglich wird. Sowohl der Traffic als auch die Bandbreite pro Patient/Besucher werden vordefiniert und eine Anmeldung am WLAN durch einen Radius-Server gesteuert, damit im Ernstfall eine eventuelle Straftat zurückverfolgt werden kann. Des Weiteren wird auf der netzeigenen Firewall ein URL-Filter angelegt, der das Aufrufen dubioser Seiten unterbindet. Für eine komplette Abdeckung aller Stationen werden Access-Points auf allen Etagen verteilt, jedoch sollte gewährleistet sein, dass durch die entstehende Strahlung keine technischen Geräte beeinträchtig werden.

3.3 Aufgabe 3

Fragestellung: „Entscheiden Sie, ob Sie zukünftig einen oder zwei Serverräume betreiben werden. Erläutern Sie diese Entscheidung. Nehmen Sie darüber hinaus Stellung zu den Anforderungen an die Ausfallsicherheit. Wie gewährleisten Sie die adäquate Betriebssicherheit und Ausfallsicherheit der Systeme? Wie verfahren sie hinsichtlich Fileserver und Domänen-Controller? Welche Anforderungen an Server stellen Sie bei der Modernisierung der IT-Infrastruktur? Wie sind diese Geräte technisch zu konfigurieren?"

3.3.1 Serverräume

Wie auf dem Gebäudeplan in Kapitel 2.2.1.1 „Gebäudegrundriss nach Umbaumaßnahmen" dargestellt wird, sind zwei baulich voneinander getrennte Serverräume vorgesehen. Geplant wird ein gespiegelter/redundanter Serverraum, damit im Ernstfall, also bei der kompletten Zerstörung durch höhere Gewalt oder Sabotage, der Betrieb des Krankenhauses nicht zum Erliegen kommt. Dabei wird in beiden Serverräumen die Gleiche IT-Infrastruktur untergebracht, damit eine hundertprozentige Übernahme aller Dienste möglich ist. Des Weiteren besteht die Möglichkeit, während Wartungsarbeiten, in denen die Systeme heruntergefahren werden müssen, die Server im anderen Raum die Arbeit übernehmen zu lassen.

3.3.2. Ausfallsicherheit

Das Gutachten umfasst eine Anforderungsanalyse bezüglich der zu beachtenden Ausfallzeiten, auf die bereits in Kapitel 2.1.2.3 „Redundanzen und Anforderungsanalyse" eingegangen wurde. Zu betrachten sind dabei zwei besondere Kriterien, die nicht missachtet werden dürfen. Es wird für die meisten Systeme eine maximale Ausfallzeit von ca. 15 Minuten - 4 Stunden pro Jahr gefordert, dies entspricht den Hochverfügbarkeitsklassen 4 und 5, wobei Klasse 4 durch die Werte 99,99 % = 4:23 Minuten/Monat oder 52:36 Minuten/Jahr und Klasse 5 durch 99,999 % = 26,3 Sekunden/Monat oder 5:16 Minuten/Jahr definiert wird.[20] Da die geforderte Klasse 5 nicht alleine durch die Bildung von Clustern erreicht werden kann (Cluster entsprechen nur Klasse 4), bedarf es weiterer Sicherheitsmechanismen, damit der Krankenhausbetrieb nicht zum Erliegen kommt. Da die Cluster-Technologie sehr aufwendig zu administrieren ist und es zu Fehlern wie zum Beispiel Split Brain Situationen kommen kann, wird sie für dieses Projekt ausgeschlossen. Zum Einsatz kommen fehlertolerante Server, bei denen alle einzelnen Komponenten im Server redundant sind. Das bedeutet, dass alle für

---

[20]Vgl. WIKIPEDIA, Hochverfügbarkeit.

den Betrieb wichtigen Komponenten doppelt verbaut wurden, also auch Prozessoren, Speicherchips und I/O-Einheiten. Dies ist deutlich mehr Redundanz als man in normalen Highend-Servern vorfindet, da dort im Normalfall lediglich Festplatten und Netzteile gespiegelt verbaut werden. Bei fehlertoleranten Servern können eine oder mehrere Komponenten gleichzeitig ausfallen und der Betrieb läuft unterbrechungsfrei weiter, da die Partnerkomponente den Dienst verzögerungsfrei übernimmt, es werden also alle Prozesse auf dem Server simultan ausgeführt.[21] Im Unterschied zu einem Cluster-System verhält sich ein fehlertoleranter Server damit nach außen, also gegenüber dem Benutzer, wie eine Black Box. Laut der IT-Onlinefachzeitschrift „Tecchannel" ist Hochverfügbarkeit hier eine vollständig systeminterne Angelegenheit, die nicht erst implementiert oder sichergestellt werden muss.[22] Die Anschaffungskosten für Fehlertolerante Server sind höher, als jene für die benötigte Hardware für ein Cluster, jedoch amortisieren sich die Kosten sehr schnell durch die deutlich geringeren Betriebskosten und den verminderten Administrationsaufwand. Es besteht weiterhin die Möglichkeit, zwei dieser Server zusammenzuschalten. Hierfür ist die Voraussetzung, dass die beiden „physikalischen Server über zwei dedizierte Gigabit-Ethernet-Verbindungen miteinander gekoppelt sind."[23] Die Server gleichen über dieses Netzwerk Speicherinhalte, Registerinhalte der CPUs und die Daten des Filesystems ab. Dabei können die zwei Server bis zu 160km voneinander getrennt aufgestellt werden.

3.3.3 Domain Controller

Die Domaincontroller werden auch redundant ausgelegt und laufen gleichzeitig, damit ein Failover möglich ist, dabei hält der Backup Domain Controller durch regelmäßige Replikation eine Sicherheitskopie der User- und Anmeldedaten

---

[21]Vgl. TECCHANNEL, Hochverfügbarkeit: Cluster contra Server.
[22]Ebd.
[23]COMPUTERWOCHE, Test: Fehlertolerante Server.

bereit. Sollte es ein Ausfallszenario geben, muss der Administrator dem Backup Domain Controller ausschließlich die Betriebsmaster-Funktionen zuweisen, damit sich noch nicht am System angemeldete User auf den Server schalten können.[24]

3.3.4 Fileserver/Storage Area Network/PACS

Der vorhandene Fileserver wird durch ein Storage des Typs Fiber Channel Storage Area Network (SAN) ersetzt. Ein SAN ist eigenständiges Netzwerk zur Anbindung von Disk-Arrays, auf denen in Zukunft die Daten gespeichert werden können. Auch lassen sich die geplanten Tape-Libraries anbinden um eine weitere Sicherung der Daten durch das Beschreiben von Bändern zu ermöglichen.

Für die Bildgebenden Geräte, welche ca. ein Terabyte Daten im Jahr produzieren, wird ein Picture Archiving and Communication System (PACS) installiert und in das SAN integriert, wodurch der geforderte Datendurchsatz von einem Gigabyte die Sekunde erreicht werden kann. Ein PACS besteht aus einem Sever, an den sowohl ein Kurzzeit- als auch ein Langzeitarchiv zur Speicherung digitaler Bilddaten angeschlossen sind. Des Weiteren kann ein PACS sowohl in das KIS als auch in das Radiologische-Informationssystem (RIS) integriert werden, wodurch es möglich wird, dass die Ärzte Zugriff auf eine komplette, digitale Krankenakte bekommen. Damit KIS und PACS miteinander kommunizieren können, wurden die Standards DICOM und HL7 entwickelt.

3.4 Aufgabe 4

Fragestellung: „Trotz vieler geplanter Maßnahmen kann nicht auf ein Backup-Konzept und weitere Sicherungsmaßnahmen verzichtet werden.

    a) Wie wird Ihre Backup- und Recovery-Lösung aussehen?

---

[24]Vgl. WIKIPEDIA, Domain Controller.

b) Wie begegnen Sie der Bedrohung durch Viren, Trojaner und Wechseldatenträger in den unterschiedlichen Bereichen Ihres Netzwerks?

c) Bringt es ggf. Vorteile für Ihr Projekt mit Virtualisierungstechnologie zu arbeiten? Wo können Sie sich den Einsatz vorstellen? Wo würden Sie den Einsatz von Virtualisierungstechnologie eher nicht in Betracht ziehen?"

3.4.1 Teilabschnitt A, Backup- und Recovery-Lösung

Die Daten des Fileservers werden auf das Disk-Array migriert und sind somit sicher in dem geplanten SAN untergebracht. Die Daten auf dem Disk-Array sind durch ein Redundant Array of Independent Disks (RAID) vor einem Festplattenausfall gesichert. Für den Betrieb von kritischen Daten und hochverfügbaren Lösungen wird der RAID-Level 6 empfohlen, da hier zwei Laufwerke pro Sub-Array ausfallen dürfen. Es sollte darauf geachtet werden, dass Hot Swap, also das Tauschen von Festplatten im laufenden Betrieb, unterstützt wird.[25] Als Backup-Methode ist eine Serverless- oder auch Local Area Network (LAN)-free-Backup-Lösung angestrebt. Das bedeutet, dass die Daten unabhängig von Netzwerk oder Server im laufenden Betrieb gesichert werden können. Die Daten der Festplatten werden direkt auf das Magnetband der Tape-Libraries geschrieben und können im Bedarfsfall jederzeit wieder zurückgesichert werden. Ein weiterer Vorteil ist, dass „zusätzlich zur gesteigerten Backup-/Restore-Performance der Server auch während der Datensicherung vollständig für die Applikationen und ihre User zur Verfügung steht."[26] Bei der Sicherungsmethode wird auf das Generationenprinzip zurückgegriffen, es wird somit täglich, wöchentlich, monatlich und jährlich auf Band gesichert. Monats- und Jahressicherungen sollten in einem externen Tresor, beispielsweise bei einer Bank, gelagert werden. Rücksicherungstests müssen regelmäßig durchgeführt und auf Erfolg geprüft werden.

---

[25]Vgl. WIKIPEDIA, RAID.
[26]TECCHANNEL, Backup ohne Server.

3.4.2 Teilabschnitt B, Bedrohungen durch Schadsoftware und Wechseldatenträger

Die Bedrohung durch Schadsoftware wird durch die Nutzung von Thin-Clients an den Arbeitsplatzrechnern stark eingeschränkt. Thin-Clients haben den Vorteil, dass diese ausschließlich als Zugriffspunkt zu einen Server dienen, der die benötigten Anwendungen zur Verfügung stellt. Auf Grund dessen, dass auf dem Thin-Client kein vollwertiges Betriebssystem installiert ist, wird eine Infektion durch Viren so gut wie unmöglich. Ein weiterer Vorteil ist, dass die Daten des Krankenhauses nicht auf den Clients gespeichert werden, sondern immer in der geschützten Serverumgebung verbleiben. Selbst wenn ein kompletter Thin-Client entwendet wird, kommt es also nicht zum Verlust von Daten.

Da es sich in einem Krankenhaus um kritische Patientendaten handelt, die starken Datenschutzgesetzen unterliegen, sollte von mitgebrachten USB-Sticks unbedingt Abstand genommen werden. Diese stellen in vielen IT-Umgebungen eine große Gefahr dar, da viele Viren oder infizierte Dateien von außerhalb eingeschleppt werden.

Die Server selbst sind durch eine gesteuerte Antivirensoftware zu schützen, damit durch das Surfen im Internet keine Gefahr für die IT-Infrastruktur besteht. Die Netzwerke der Stationen sollten für den Fall einer Infektion, aber auch aus Gründen der Sicherheit, durch Router voneinander abgegrenzt sein, damit nicht das ganze Netz, sondern im schlimmsten Fall nur ein Teilnetz betroffen ist.

3.4.3 Teilabschnitt C, Virtualisierung

Das Virtualisieren, bzw. das Betreiben von mehreren virtuellen Servern auf einem Host gewinnt immer größere Beachtung, da sich hierdurch sowohl

Anschaffungskosten, als auch Betriebskosten einsparen lassen[27] und viele Server nur einen minimalen Prozentteil ihrer Ressourcen wirklich verwenden. Ein großer Vorteil ist, dass virtuelle Maschinen eingefroren, gespiegelt oder bei Bedarf mit mehr Ressourcen ausgestattet werden können.

Ein Nachteil liegt jedoch auf der Hand: Fällt der Wirt aus, verlieren somit auch alle virtuellen Maschinen, die auf ihm betrieben werden, ihre Funktion. Wie bei der Planung eines reinen Hardwarekonzepts kann auch bei der Virtualisierung viel falsch gemacht werden. Von daher sollte man sich vorab tief in diese Thematik einarbeiten, da es große Unterschiede z.B. bei der Lizensierung und der Wahl der Hardware/Software gibt.

Dass in der Hausarbeit verwendete Konzept sieht in der Planung keine Virtualisierung vor, es spricht jedoch nichts dagegen. Eine Virtualisierung verschiedener Komponenten/Server wäre durchaus möglich gewesen, ebenso könnte das Thema Desktop-Virtualisierung in Betracht gezogen werden. Bei der Wahl virtueller Umgebungen sollte das komplette Krankenhauseigene IT-Personal dementsprechend geschult werden, da wahrscheinlich noch keinerlei Berührungspunkte mit dieser relativ neuen Technologie entstanden sind. Zu vermeiden ist die Virtualisierung des Domain-Controllers oder von Servern, die für einen speziellen Dienst entwickelt wurden, wie z.B. für CAD-Software oder Grafikprogramme.

3.5 Aufgabe 5

Fragestellung: „Bislang wurden Emails direkt mittels Email-Programm aus dem Internet geladen? Wie verfahren Sie zukünftig hinsichtlich Email-Nutzung. Welche Komponenten Hard-und Software (keine Marken) werden Sie dabei einsetzen.

---

[27] GREGUŠ, Michal; LENHARD, Thomas H.; Virtualisation of Servers in the Area of Healthcare-IT

Wie werden die Kommunikationswege einer ein- oder ausgehenden Email aussehen?"

3.5.1 Sicherer Mailverkehr

Das Krankenhaus besitzt bisher keine eigene Lösung, um Emails zu versenden und zu empfangen. Die vorgefundene Lösung ist, wie aus der Fragestellung zu erkennen, dass die Emails bei einem anderen Provider eingehen und von dort abgerufen werden. Da diese Lösung gegen das Datenschutzrecht verstößt, muss sie dringend überarbeitet werden.

Nach aktueller Gesetzgebung ist es einer Institution die mit sicherheitsrelevanten Daten arbeitet nicht erlaubt, einen Mailserver außerhalb der eigenen IT-Infrastruktur zu betreiben.

Es sollte eine zweigeteilte Maillösung gewählt werden, die sowohl aus einem Mailserver, als auch aus einem Mailgateway besteht. Ausschließlich einen Mailserver ohne Gateway zu betreiben, hat viele Nachteile, da der Mailserver „fast ungeschützt" im öffentlichen Netz stehen muss, damit er erreicht werden kann. Dies könnte zur Folge haben, dass sich der Mailserver vielen Attacken unterziehen muss und bei einem Ausfall Emails verloren gehen. Jedoch nicht nur bei einer Attacke könnte der Mailserver nicht erreicht werden, es genügt schon ein Neustart des Systems und der Absender erhält im günstigsten Fall einen „Mailer Daemon", also eine Fehlermeldung bei der Nachrichtenübertragung. Das Mailgateway wird in der Demilitarisierten Zone positioniert, im Optimalfall wird noch eine zweite Firewall vorgeschaltet, um einen Teil der Anfragen/Attacken abzuwehren. Des Weiteren können auf dem Mailgateway verschiedene Dienste wie z.B. Anti-Virenschutz, Spamfilterung, weitere Filtermethoden, sowie Emailtracking komfortabel konfiguriert werden. Dabei sollte der Emailverkehr serverseitig direkt verschlüsselt werden, um den Datenverkehr sicher zu machen und Anwenderfehlern vorzugreifen. Hierfür sollten De-facto-Standards zu Rate gezogen werden, da diese von vielen Mail-Clients unterstützt werden. Eine Empfehlung wäre die Verschlüsselung via Pretty Good Privacy (PGP), da diese sehr sicher ist, jedoch einen gewissen Aufwand beim Austausch von Daten mit sich bringt, da bei PGP Private-Public-Schlüsselpaare, die während der Installation pro E-Mail-Adresse erzeugt werden, zum Absichern des Verkehrs verwendet werden. Die öffentlichen Schlüssel müssen sich die Gesprächspartner gegenseitig zukommen lassen. Mit diesem Schlüssel lässt sich anschließend die empfangene Mail wieder entschlüsseln und somit lesen.[28] Der entstehende Mailverkehr wird ausschließlich auf dem Server gespeichert, Clients werden nur zur Anzeige und Bearbeitung der Mails verwendet.

3.1.5.1. Mögliche Erweiterungen

Wenn von den Betreibern weitere Features gewünscht sind, lassen sich als Erweiterung zu der vorgestellten Lösung ergänzende Systeme installieren, die den Zugriff auf Firmenmails vom Home-Office über eine sichere Verbindung via „Secure Socket Layer"(SSL) ermöglichen. Auch eine Anbindung der firmeneigenen Smartphones/Tablet-PCs durch ein Mobile-Device-Managementsystem, damit diese in das Netzwerk eingebunden werden können und somit ein mobiles Mailbearbeitungssystem den Mitarbeitern an die Hand gegeben wird, wäre somit machbar.[29]

---

[28]Vgl. BSI, M 5.63.
[29]Vgl. BSI, Consumerisation und BYOD, Seite 4f.

---

4. Literaturverzeichnis

BSI, BUNDESAMT FÜR SICHERHEIT IN DER INFORMATIONSTECHNIK:
Bonn, Publikationen und IT-Grundschurzkatalog.
Consumerisation und BYOD
https://www.bsi.bund.de/SharedDocs/Downloads/DE/BSI/Grundschutz/Downlo
ad/Ueberblickspapier_BYOD_pdf.pdf?__blob=publicationFile, 28.08.2014.
M 1.47 Eigener Brandabschnitt.
https://www.bsi.bund.de/DE/Themen/ITGrundschutz/ITGrundschutzKataloge/In
halt/_content/m/m01/m01047.html, 19.07.2014.
G 3.78 Fliegende Verkabelung.
https://www.bsi.bund.de/DE/Themen/ITGrundschutz/ITGrundschutzKataloge/In
halt/_content/g/g03/g03078.html, 19.07.2014.
G 0.1 Feuer.
https://www.bsi.bund.de/DE/Themen/ITGrundschutz/ITGrundschutzKataloge/In
halt/_content/g/g00/g00001.html, 19.07.2014.
M 1.18 Gefahrenmeldeanlage.
https://www.bsi.bund.de/DE/Themen/ITGrundschutz/ITGrundschutzKataloge/In
halt/_content/m/m01/m01018.html, 19.07.2014.
M 1.62 Brandschutz von Patchfeldern.
https://www.bsi.bund.de/DE/Themen/ITGrundschutz/ITGrundschutzKataloge/In
halt/_content/m/m01/m01062.html, 19.07.2014.
M 1.24 Vermeidung von wasserführenden Leitungen.
https://www.bsi.bund.de/DE/Themen/ITGrundschutz/ITGrundschutzKataloge/In
halt/_content/m/m01/m01024.html, 19.07.2014.
M 1.14 Selbsttätige Entwässerung.
https://www.bsi.bund.de/DE/Themen/ITGrundschutz/ITGrundschutzKataloge/In
halt/_content/m/m01/m01014.html, 19.07.2014.
M 1.9 Brandabschottung von Trassen.
https://www.bsi.bund.de/DE/Themen/ITGrundschutz/ITGrundschutzKataloge/In
halt/_content/m/m01/m01009.html, 19.07.2014.
M 1.70 Zentrale unterbrechungsfreie Stromversorgung.
https://www.bsi.bund.de/DE/Themen/ITGrundschutz/ITGrundschutzKataloge/In
halt/_content/m/m01/m01070.html, 19.07.2014.
M 1.28 Lokale unterbrechungsfreie Stromversorgung.
https://www.bsi.bund.de/DE/Themen/ITGrundschutz/ITGrundschutzKataloge/In
halt/_content/m/m01/m01028.html, 19.07.2014.
M 2.17 Zutrittsregelung und –Kontrolle.
https://www.bsi.bund.de/DE/Themen/ITGrundschutz/ITGrundschutzKataloge/
Inhalt/_content/m/m02/m02017.html, 19.07.2014.
M 1.58 Technische und organisatorische Vorgaben für Serverräume
https://www.bsi.bund.de/DE/Themen/ITGrundschutz/ITGrundschutzKataloge/In
halt/_content/m/m01/m01058.html. 19.07.2014.
M 5.63 Einsatz von GnuPG oder PGP
https://www.bsi.bund.de/DE/Themen/ITGrundschutz/ITGrundschutzKataloge/In
halt/_content/m/m05/m05063.html, 18.08.2014
Schutz Kritischer Infrastrukturen: Risikoanalyse Krankenhaus.
http://www.kritis.bund.de/SharedDocs/Downloads/Kritis/DE/Risikoanalyse_Krankenhaus-
IT_Kurzfassung.pdf?__blob=publicationFile, 20.08.2014.

COMPUTERWOCHE
München, IDG Business Media GmbH.
Test: Fehlertolerante Server
http://www.computerwoche.de/a/test-fehlertolerante-server-von-marathon-und- stratus-mit-leichten-schwaechen,1850007, 16.08.2014.

ELEKTRONIK KOMPENDIUM:
Ludwigsburg, Elektronik-Kompendium.de.
Gigabit-Ethernet.
http://www.elektronik-kompendium.de/sites/net/1404201.htm,
28.06.2014.
Strukturierte Verkabelung
http://www.elektronik-kompendium.de/sites/net/0908031.htm, 29.06.2014

GREGUŠ, Michal; LENHARD, Thomas H.;
Virtualisation of Servers in the Area of Healthcare-IT, in International Journal for Applied
Management Science & Global Developments, Biblioscient Publishing Services,
Birmingham, 2012, ISSN 2042-34703-99

LENHARD, Thomas H.:
Datenschutz als Qualitätsindikator in der Klinik, VBSG-Nachrichten 01/2014, Verband für
Berater, Sachverständige und Gutachter im Gesundheits- und Sozialwesen e.V., 2014,
ISSN 1869-7623

TECCHANNEL
München, IDG Business Media GmbH.
Hochverfügbarkeit: Cluster contra Server.
http://www.tecchannel.de/server/hardware/456463/hochverfuegbarkeit_cluster_c
ontra_server/index5.html, 15.08.2014.
Backup ohne Server.
http://www.tecchannel.de/netzwerk/networkworld/infrastructure/403216/backup
_ohne_server/, 01.08.2014

WIKIPEDIA
San Francisco, Wikimedia Foundation Inc.
Krankenhausinformationssystem.
http://de.wikipedia.org/wiki/Krankenhausinformationssystem, 21.07.2014
Hochverfügbarkeit
http://de.wikipedia.org/wiki/Hochverf%C3%BCgbarkeit, 21.08.2014.
Domain-Controller.
http://de.wikipedia.org/wiki/Domain_Controller, 28.08.2014.
RAID
http://de.wikipedia.org/wiki/RAID, 24.08.2014.

WINTER, Alfred:
Das integrierte Krankenhausinformationssystem in einer integrierten
Gesundheitsversorgungsregion.
Leipzig, Universität, 2006.
http://www.imise.uni-leipzig.de/Lehre/Semester/2005-06/QB1/KIS.pdf, 22.08.2014.

Florian Stohner

Modernisierung einer IT-Infrastruktur
im klinischen Bereich

Inhalt

1. Einleitung

„Informationen sind ein wesentlicher Wert für Unternehmen und Behörden und müssen daher angemessen geschützt werden. Die meisten Informationen werden heutzutage zumindest teilweise mit Informationstechnik (IT) erstellt, gespeichert, transportiert oder weiterverarbeitet. Moderne Geschäftsprozesse sind heute in Wirtschaft und Verwaltung ohne IT-Unterstützung längst nicht mehr vorstellbar. Eine zuverlässig funktionierende Informationsverarbeitung ist ebenso wie die zugehörige Technik für die Aufrechterhaltung des Betriebes unerlässlich. Unzureichend geschützte und verfügbare Informationen stellen einen häufig unterschätzten Risikofaktor dar, der für manche Institution existenzbedrohend sein kann" (BSI 2014a).

2. Aufnahme des Ist-Zustandes

Der vorliegende Problemfall basiert auf einer mittelgroßen Klinik mit 870 Betten und 1350 Beschäftigten, sowie mehreren IT-Systemen. Teilweise ist eine Vernetzung vorhanden sowie eine rudimentäre Bereitstellung von Diensten über das Netzwerk möglich. Die Gebäude befinden sich alle in unmittelbarer Nähe zueinander, sodass maximale Strecken von 300 m zu überbrücken sind. Aufgabe ist es die Server und Netzwerktechnik an den Stand der Technik anzupassen, wobei keinerlei finanzielle Restriktionen gesetzt werden, mit dem Ziel einen stabilen Betrieb zu sichern, gesetzliche Auflagen zu erfüllen, die Patientenversorgung zu verbessern und mit modernen Systemen das campusweite Arbeiten zu erleichtern.

2.1 Aufbau der bisherigen Infrastruktur

Die aktuell vorgefundene Netzwerkinfrastruktur in der mittelgroßen Klink basiert auf einem Netzwerk der Kategorie (CAT) 5. Ein CAT-5-Netzwerk, basierend auf Kupferleitungen, kann ohne aktive Komponenten Strecken von bis zu 100 m überbrücken und ermöglicht im Optimalfall Übertragungsraten von bis zu 100 Mbit/s. (vgl. SCHNABEL 2014c) Somit entspricht es der Spezifizierung des Fast Ethernet nach DIN EN 50173 (vgl. N.A. 2014). Dieses Netzwerk verbindet fünf verschiedene Fachbereiche miteinander. Abbildung 1 stellt hierbei den Ist-Zustand mit allen System genau dar.

Zur Modernisierung der Netzwerkinfrastruktur wurden durch einen Dienstleiter bereits 12-adrige Glasfaserleitungen (LWL) mit Multimode 50/125 zur Backendverkabelung zwischen den Fachbereichen verlegt und geprüft. Dieses Netzwerk ist jedoch noch nicht in Betrieb genommen worden. Eine LWL-Verkabelung hat im Vergleich zu einem herkömmlichen CAT-5-Netzwerk den Vorteil der erhöhten Übertragungsrate von bis zu 10 Gbit/s. Dabei können erheblich weitere Strecken überbrückt werden. Sollten Strecken von bis zu 1000 m ohne aktive Komponenten überbrückt werden müssen, so reduziert sich hierbei die Übertragungsrate entsprechend auf maximal 100 Mbit/s. (vgl. SCHNABEL 2014a) Demzufolge eine Multimodeverkabelung nur für die Sekundärverkabelung (Gebäudeverkabelung) oder kleine Campusverkabelungen (Primärverkabelungen) zu empfehlen, würde aber in dem vorliegenden Fall ausreichen, da die Gebäude maximal 300 m voneinander entfernt sind.

Die Fachbereiche teilen sich auf in Fachbereich-1 mit den Digitalröntgenanlage, dem Computertomograph und dem Magnetresonanztomograph. Fachbereich-2, der Intensivbereich, besitzt ein eigenes System zum Patientenmonitoring und Fachbereich-3, die Geburtsstation, ein System zur Geburtshilfe. In Fachbereich-4, dem Stationärbereich, sind einige Personal Computer (PC) zu finden, welche als Clients für die digitale Patientenakte dienen. Fachbereich-5 stellt das

Rechenzentrum (RZ) dar. Einen genauen Überblick über die Systeme und deren Funktion und Zustand verschafft Tabelle 1.

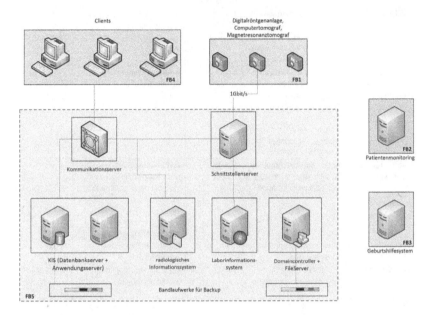

Abbildung 1: Ist-Zustand

Systemname	Funktion	maximal geduldete Ausfallzeit	Ausfallfolgen	aktueller Zustand
klinisches Informations-system (KIS/ERP)	Führung der digitalen Patientenakte; Arbeit als Client/Server - System; Aufteilung in Datenbank und Applikationsserver	4 h	massive Behinderung der Arbeitsabläufe	nicht mit allen Systemen vernetzt
radiologisches Informations-system	Sicherung der Bilddaten der Digitalröntgen-anlagen, eines Computertomographen und eines Magnetoresonanztomog raphen; Lagerdauer 30 Jahre; ca. 1 TB/Jahr	4 h	massive Behinderung der Arbeitsabläufe	zu geringe Übertragung sraten
Laborinformatio nssystem	online Bereitstellung der Untersuchungswerte; Replikation mit dem KIS	15 Min.	Notfalluntersuchungen sind noch möglich, jedoch stehen Ergebnisse bereits durchgeführter Untersuchungen nicht zur Verfügung: akute Lebensgefahr für Patienten	
Fileserver	Bereitstellung von Datenablagen	4 h	massive Behinderung der Arbeitsabläufe	Speicher voll
Domaincontroll er	Bereitstellung von Domainanmeldedienste n	15 Min.	keine Anmeldung an den Systemen möglich	Speicher voll
Kommunikation sserver	Verteilung von Stammdaten oder Änderungen von Stammdaten der Patienten oder Anforderungen durch das KIS an die anderen medizinischen Systeme	15 Min.	massive Behinderung der Arbeitsabläufe	überaltert und instabil
Schnittstellen-server	Kommunikationsverwalt ung der einzelnen Systeme	15 Min.	massive Behinderung der Arbeitsabläufe	überaltert und instabil

Systemname	Funktion	maximal geduldete Ausfallzeit	Ausfallfolgen	aktueller Zustand
Intensiv - Patientenmonit oring	Überwachung der klinischen Geräte im Intensivbereich	15 Min.	kurzfristig kann eine Überwachung an jedem Gerät erfolgen; zentrale Überwachung steht nicht mehr zur Verfügung	Uplink zwischen den Netzwerken führt zum Absturz des Computerto mographen, daher nicht integriert; untergebrac ht unter einem Schreibtisch statt im Serverraum
Geburtshilfe-system	Dokumentation	8 h	massive Behinderung der Arbeitsabläufe	häufige Verbindungs abbrüche
Bildgebende Geräte (non IT)		15 Min.	Abmeldung der Klinik bei der Notfallzentrale	
Backup-Laufwerke	Datensicherung des KIS-Datenbankservers und der Domaincontrollers & Fileservers	24 h	keine Datensicherung mehr möglich (unkritisch solang kein System ausfällt)	zwei Jahre alt und ungetestet

Tabelle 1: Systemübersicht Ist-Zustand

Anhand der dargestellten Ausgangssituation ergeben sich verschiedene Problemfälle, welche in den meisten Fällen die Stabilität des Gesamtsystems gefährden. Im Falle eines Ausfalls des radiologischen Informationssystems können u.a. die Daten nicht zentral gespeichert werden. Durch den fehlenden Zugriff auf das zentrale KIS kann die digitale Patientenakte nicht mehr geöffnet werden, was zu einer Beeinträchtigung bei der Versorgung von Akutpatienten führt. Sind die bildgebenden Geräte (Digitalröntgenanlagen, Computertomographen und Magnetoresonanztomographen) der Klinik nicht erreichbar, wird die Klinik im zentralen System abgemeldet und neue Patienten werden an andere Kliniken mit ggf. längeren Anfahrtsstrecken verteilt. Die letzen beiden Punkte können u.U. sogar lebensbedrohliche Ausmaße annehmen.

Im Folgenden gilt es die Problemfelder und deren Gefährdungspotenzial genauer zu analysieren und darzustellen, sowie im späteren Verlauf dieser Arbeit eine Lösung zu erarbeiten.

2.1.1 Backup und Archivierung

Die Archivierung der Daten unterliegt im klinischen Bereich speziellen gesetzlichen Restriktionen. Die radiologischen Daten müssen 30 Jahre vorgehalten werden und dürfen nur begrenzt komprimiert werden, was zu einem Speicheraufkommen von ca. 1 TB/Jahr führt. Der Problemfall bei der bisherigen Backup- und Archivierungsstrategie besteht darin, dass das Archivierungssystem nicht entsprechend dimensioniert ist, es keine definierte Backup-Strategie, keine Protokolle über die Backup-Dauer oder einen erfolgreichen Wiederherstellungstest gibt. Ebenso sind das Alter der Bandwechsler und die Lagerung der Bänder höchst fahrlässig. (vgl. CARIUS 2014)

2.1.2 Netzwerk

Das veraltete auf Kupfer CAT-5 basierende Netzwerk bietet nicht nur zu geringe Übertragungsraten, sondern ist zudem sehr störanfällig. Zu lange Übertragungswege und veraltete Schnittstellen erschweren zudem eine saubere Datenübertragung. Das Digitalröntgengerät soll seine Daten zentral auf das radiologische Informationssystem ablegen können, benötigt hierzu jedoch mindestens eine Übertragungsleistung von 1 Gbit/s, was mindestens der Spezifizierung eines CAT-6 Netzwerks entspricht. Die Übertragungsstrecke zu Fachbereich-3 und somit zur Versorgung des Geburtshilfesystems entspricht mit ihren 162 m ebenfalls nicht der CAT-5 Spezifikation und resultiert in häufigen Verbindungsabbrüchen. Ein Uplink des Intensivmonitoring aus Fachebreich-2 führt zum Ausfall des Computertomographen, was ein Indiz für falsche Schnittstellenimplementierung oder Fehler im Netzwerk (Loop; zu starkes NEXT;

zu viele Broadcasts, vgl. Kapitel 3.1) sein könnte. Somit ist auch dieses System nicht im zentralen Netzwerk eingebunden. Des Weiteren sind nicht alle Fachbereiche an das zentrale KIS angebunden. Dies führt zu doppelter Datenpflege, unnötigen Redundanzen und fehlender Synchronität, was u.a. die Verwaltung der digitalen Patientenakte erschwert.

2.1.3 Systeme

Die zentralen IT-Systeme sind, bedingt durch ihr bestehendes Alter, eingeschränkt nutzbar. Der Speicherplatz auf dem Fileserver ist erschöpft und der Schnittstellenserver zur Kommunikation zwischen allen Systemen veraltet und instabil. Der Domaincontroller läuft nicht dediziert, sondern wird entgegen der Herstellerempfehlung auf dem Fileserver mit betrieben, was nicht nur sicherheitstechnische Schwierigkeiten (vgl. Kapitel 3.2) mit sich bringt. Das instabile Netzwerk beeinträchtigt auch die Datenhaltung, Synchronität und Verarbeitung der zentralen Systeme und stört in der Bereitstellung von stabilen Services zur Versorgung der Patienten. Ein Virenschutz und -konzept ist ebenfalls auf keinem der vorliegenden Systeme vorzufinden.

2.1.4 Serverraum

Der Serverraum ist streng genommen nicht vorhanden. Bedingt durch die Lokalisierung in einer Abstellkammer weist er keines der nötigen Sicherungssysteme für einen funktionieren Serverraum auf. Fehlende Vorkehrungen für Brandschutz, Wasserschutz, Stromausfall und Zutrittsschutz seien nur im groben genannt. Die dort lokalisierten Systeme weisen keine Redundanz auf, wodurch ein Ausfall eines Systems oder einer Hardwarekomponente eines Systems zu einem Totalausfall des jeweiligen führen würde. Fehlende Vorkehrungen im Serverraum sind (vgl. BSI 2009):

- unterbrechungsfreie Stromversorgung (USV)
- redundante Stromversorgung (Stromnetze und Netzteile der Systeme)
- Brandschutz
  - sachgemäße Kabelführung nach Brandschutzvorschriften (vgl. Kapitel 3.2)
  - Versiegelung der Wanddurchbrüche
  - Brandmelde- und Eindämmungsvorrichtung
- Wasserschutz durch Wassermelder
- Hitzeabfuhr
  - Ordnung der Verkabelung in Raum und Serverschrank
  - ausreichende Steckdosen
  - Klimatisierung
- Lagerplatz für
  - Backup-Bänder (Tresor)
  - Ersatzteile
  - räumliche Trennung vom eigentlichen Serverraum

2.1.5 Dokumentation

Eine Dokumentation erleichtert es den Überblick über die Systeme zu behalten und Probleme zu analysieren. Es wurde keine Dokumentation für das bestehende Netzwerk oder die neu implementierte LWL-Backend-Verkabelung angefertigt. Somit ist auch nicht ersichtlich, weshalb das geprüfte LWL-Netzwerk noch nicht in Betrieb genommen wurde. Das Backup, die -strategie, -dauer und der -test sind ebenfalls nicht dokumentiert und lassen somit keine Rückschlüsse auf deren Effizienz zu. Ein fehlendes Sicherheitskonzept im Bezug auf Viren- und Netzschutz (Firewall) ist ebenso nicht vorhanden wie ein gesamtes Betriebshandbuch.

2.2 Evaluierung der Situation anhand des BSI Grundschutzkataloges

Zu jedem der Handlungsfelder können aus dem BSI Grundschutzkatalog – ein Empfehlungshandbuch bestehend aus Bausteinen, Maßnahmen und Gefährdungskatalogen, orientiert an ISO 27001 und ITIL, zentral bereitgestellt, vom Bundesamt für Sicherheit in der Informationstechnik – sogenannte Gefährdungskataloge gefunden und Gegenmaßnamen erarbeitet werden. Erforderlich für die hier vorliegende Situation wären im Mindestfall die Kataloge M1 Infrastruktur, M5 Kommunikation und M6 Notfallvorsorge mit den Bausteinen B2.12 IT-Verkabelung, B2.4 Serverraum, B2.5 Datenträgerarchiv, B2.6 Raum für technische Infrastruktur und B4.2 Netz- und Systemmanagement. (vgl. BSI 2014b)

Die weitere Ausarbeitung orientiert sich an diesen Katalogen, basiert aber auf einer eigenen Struktur. Exemplarisch seien zur Arbeit mit dem BSI Grundschutzkatalog der Teil- „Serverraum" mit dem Baustein B2.4 und der Teil - „Technische und organisatorische Vorgaben für Serverräume" Maßnahme M1.58 genannt.

3. Modernisierung der vorgefundenen Systeme

Im Nachfolgenden soll ein Lösungskonzept für die vorgefundenen Problemfelder auf einer abstrakten Ebene, also nicht bis in das Detail der Konfiguration, erarbeitet werden. Die Umsetzung der Detailaufgaben wird den jeweiligen Abteilungen überlassen.

3.1 Netzwerkmodernisierung

3.1.1. Technologien

Die Netzwerkinfrastruktur muss grundlegend neu konzipiert und auf den aktuellen Stand der Technik gebracht werden, da sie zum einen nicht nur veraltet und instabil sondern zum anderen auch zweitens entgegen der Spezifikation aufgebaut wurde und somit die geforderte Dienstgüte nicht erfüllen kann. Eine Erläuterung der Technologien und deren Spezifikation verschafft Tabelle 2.

Komponente	Einsatzzweck	Spezifikation
Layer-2-Switch	nicht managebare Switches zur Kopplung mehrerer Rechner in einem Subnetz	Aktivkomponente, kann Signal aufbereiten
Layer-3-Switch	managebare Switches	können Dienste wie VLAN und QoS bereitstellen; bilden Kollisionsdomänen
Router	verbinden verschiedene Subnetze miteinander und trennen deren Netzverkehr	stellen Dienste wie VLAN und QoS bereit; bilden Kollisionsdomänen
WLAN Accesspoint (AP)	erweitern ein LAN um ein kabelloses WIFI Netzwerk	WLAN Standard 802.11n/ac Geschwindigkeiten von bis zu 400 Mbit/s (netto)
Kupfer CAT-5	veralteter Standard in der LAN Verkabelung	bis zu 100 m Übertragungsstrecke eine Übertragungsrate von bis zu 100 Mbit/s
Kupfer CAT-7	aktueller Standard in der LAN Verkabelung	bis zu 100 m Übertragungsstrecke eine Übertragungsrate von bis zu 10 Gbit/s
LWL Multimode 50/125	„LAN, Backbone, ATM (655 MHz) in Europa"	10 GBit/S über 300 m; 1 GBit/s über 1000 m
LWL Singlemode	Netzbetreiber; WAN	> 40 GBit/s über 40.000 m
Subnetting	dient der Trennung von Netzbereichen und der gezielten Adressierung von Systemen	
DHCP	dynamische IP Adressvergabe innerhalb eines Subnetzes	
Broadcast	senden von Paketen an alle Hosts in einem Subnetz	kann zu hoher Last auf dem Netzwerk führen
Next	Übersprechdämpfung	Wert sollte möglichst hoch sein; häufig ist ein zu niedriger NEXT Wert Folge einer falschen Verkabelung und Ursache für Störungen im Netzwerk
Firewall (FW)	Schutzvorrichtung zur Trennung von Netzen	erlaubt nur gewissen Traffic auf Portebene zwischen definierten Netzen (z.B. Trennung von Web und LAN)
QoS	Quality of Service	Priorisierung bestimmter Datenpakete anhand ihres Typs

Tabelle 2: Netzwerkkomponenten (vgl. SCHNABEL 2014c; SCHNABEL 2014d; SCHNABEL 2014a)

3.1.2. Aufbau

Als Verkabelungstopologie wird eine erweiterte Sternverkabelung mit den Bereichen Primär-, Sekundär-, Tertiärverkabelung empfohlen.

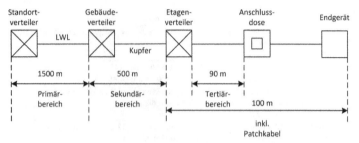

Abbildung 2: Strukturierte Verkabelung (i.A.a. SCHNABEL 2014b)

Jeder Fachbereich sollte unter Sicherheitsaspekten ein eigenes Subnetz erhalten. Um diese fest voneinander zu trennen würden Layer-3-Switches auf Fachbereichsebene empfohlen, welche mittels des vorhanden Multimode LWL und Port-Trunking mit eingeschaltetem Spanning-Tree verbunden werden (Primärverkabelung). Diese können Broadcasts unterbinden und verhindern somit ein unternehmensweites Sniffing. (vgl. DYE U. A. 2008) Eine Singlemode LWL Verkabelung ist aufgrund der angenommenen maximalen Übertragungswege im Primärbereich von 600 m nicht notwendig und kann stattdessen vollständig mit der Multimodeverkabelung versorgt werden. Alle Netzwerkkomponenten können neben der hohen Gigabit Ethernet Übertragungsraten außerdem mittels QoS die Bilddaten priorisieren und somit eine gesicherte Übertragung derer garantieren. Fachbereich-1, mit den Großgeräten, sollte ebenso wie das Rechenzentrum einen Router erhalten. Zusätzlich wird Fachbereich-5 mit einer Firewall gegen Internet und einer weiteren Firewall gegen LAN abgeschirmt. Zusätzlich erhält auch Fachbereich-1 eine Firewall zur Absicherung gegen das eigene LAN. Etagenweise sollten Layer-2-Switches die Layer-3-Switches erweitern. Auch diese Komponenten sollen per CAT-7, dem höchstmöglich verfügbaren Standard als Investitionsschutz, verbunden werden, um bis in die Büros schnelles Gigabit Ethernet bereit zu stellen. Die Backplane der einzelnen Switches muss ausreichend dimensioniert gewählt werden, damit die Switches auf allen Ports volle Leistung bereitstellen können. Das Auflegen der Leitungen soll durch eine Fachfirma durchführt und durch Abnahmetests protokolliert werden. Hierbei sind die Vorschriften bei der Verkabelung und Längenbestimmungen zu beachten, damit Störungen ausgeschlossen werden können (NEXT, Schirm auflegen, Knickschutz, Leerrohre, Länge). Bei den Verteilerräumen in den einzelnen Fachbereichen sind folgende Punkte zu beachten:

„Sofern bei der Installierung in vorhandenen Gebäuden ausreichende Flächen für Verteilerräume nicht bereitgestellt werden können, sind verschließbare Verteilerschränke zu verwenden. Dabei ist die Lärmemission zu beachten. Die Schränke sollen auf Publikumsverkehr nicht zugänglichen Flächen untergebracht werden.

Anforderungen an einen Verteilerraum:

- trockener Innenraum nach DIN VDE 0800
- Unterbringung möglichst nicht im Untergeschoss
- keine Installationen von Wasser- oder Heizungsrohren im IT-Verteilerraum, bereits vorhandene Leitungen sind abzuschotten
- Brandschutz:
  - o Falls im Gebäude eine Brandmeldeanlage mit automatischen Meldern installiert ist, ist der Verteilerraum auf diese aufzuschalten." (N.A. 2011, S. 16)
  - o CO_2 Löschanlage im Verteilerschrank
- „Sicherheit: (bei geschlossenen Verteilerräumen)
  - o Einbruchhemmende Tür
  - o Panikschloss
  - o kein oder neutrales Türschild
  - o gesonderte Schließzylinder
- Bodenbelag:
  - o Ableitwiderstand gemäß DIN 51953
- EDV-Stromversorgung:
  - o ausreichende Anzahl von Stromkreisen aus dem IT-Versorgungsnetz für Server, Serverkonsolen, Technikschränke usw.
- allgemeine Stromversorgung:
  - o ausreichende Anzahl von Steckdosen für Werkzeuge und Geräte

An die Ausführung und Aufstellung der zentralen DV-Verteiler sind folgende Aufforderungen zu stellen:

- in Verteilerräumen sind 19"-Schränke mit vorzugsweise 40-42 Höheneinheiten (HE) einzusetzen
- temperaturgeregelte, wartungsfreie Lüfter (Begrenzung der Schrankinnentemperatur auf ca. 35 °C), hierzu ist ggf. eine Kühllastberechnung erforderlich
- bei Neuplanung ist ca. 25% Platzreserve für Erweiterungen vorzusehen

- Erdung von Schank und allen Einbauteilen nach VDE 0800 Teil 2
- Verwendung von USV-Systemen mit potentialfreien Kontakten und SNMP-Agenten zur Schranküberwachung (Temperatur, Überspannungsschutz, Niederspannung, Türkontakt etc.) und USV-Überwachung" (N.A. 2011, S. 16)

Über alle Fachbereiche hinweg soll mittels VLAN zusätzlich ein Labor- und Arbeitsstationennetz für die Clientanbindung an das KIS und ein weiteres VLAN als Gästenetz zur zusätzlichen Versorgung der WLAN-APs eingesetzt werden. Aktuell stellt ARP-Poisoning keine Bedrohung mehr für VLANs dar, daher können diese als einfaches Mittel gewählt werden, um auf eine vorhandene Verkabelung ein weiteres Netzwerk aufzuschalten und somit auch Gästen des Krankenhauses Zugang zum Internet, aber keinen Zugriff auf die internen Systeme, zu gewähren. (vgl. LEWIS, SCHAWOHL 2009)

Sollten weitere Geräte direkt an den Clients benötigt werden, z.B. Gesundheitskartenscanner, könnten diese mittels zweiter Netzwerkkarte (NIC) und einer Softwarebridge eingerichtet werden. (vgl. LENHARD 2005) Die Versorgung mit IP Adressen sollte von einem zentralen DHCP Dienst erledigt werden. Dieser kann Clients dynamisch Adressen zuordnen und feste Adressen für die IT-Systeme und Anlagen verteilen. Zu beachten ist hierbei, dass ein eventuelles Clusternetz, iSCSI und SAN, sowie Serversubnetz, zusätzlich zu den Fachbereichssubnetzen benötigt wird. Abhängig von der Anzahl der Clients und unter Subnetzen kann von mindestens 2056 IP Adressen ausgegangen werden.

Zusätzlich zur Firewall des RZ gegen das Internet wäre ein Proxydienst zu installieren. Dieser dient der Umsetzung von NAT/PAT (Umsetzung privater IP Adressen und Ports gegen öffentliche), der Seitenfilterung/Zutrittskontrolle zum Internet und dem Caching. Das Servernetz selbst ist nicht von außen aus dem Internet zu erreichen. (vgl. DAUSCH 2014)

3.2 Modernisierung der Serverlandschaft

Die Ausfallzeiten unter Tabelle 1 lassen darauf schließen, dass die Systeme hochverfügbar sein sollen. Eine notwendige Wiederherstellung eines Systems aus einem Backup würde die zur Verfügung stehende Zeitspanne überschreiten.

Der bisherige Serverraum ist eine Abstellkammer und die Geräte stehen zum Teil auch in verschiedenen Fachbereichen. Eine zentrale Verwaltung, Sicherung und Wartung ist somit nur schwer möglich. Der erste Schritt wäre die Schaffung eines geeigneten Serverraumes und die Konsolidierung der Systeme in diesem. Anforderungen an einen Serverraum sind (vgl. BSI 2009):

- Brandschutz
  - o Brandmeldeanlage
  - o Brandschutztür
  - o statt Leerrohren direkte Verlegung der Kabel in der Wand
  - o Wanddurchbrüche sind zu versiegelt und mit der Materialbezeichnung zu beschriften
  - o CO_2 Löschanlage
- Wasserschutz
  - o Wassermelder
  - o keine Wasserrohre im Serverraum
  - o keine Kühlung mit Flüssigkeit oder deren Zufluss außerhalb des Serverraums

- Stromversorgung
  - ausreichende Anzahl von Stromkreisen
  - ausreichende Anzahl an Streckdosen
  - ausreichende Dimensionierung der USV
  - Erdung der Systeme und des Raumes
- Vorkehrungen gegen Wärmestau
  - geordnete Verkabelung
  - Kühlanlagen
- Monitoring
  - Inbetriebnahme eines Monitoringsystems (z.B. Incinga)
  - Einrichtung einer Alarmfunktion
- Zutrittsschutz
  - Überwachung
  - Zutrittsregeln

Nach der Einrichtung eines geeigneten Serverraumes sind alle IT-Systeme dort zu positionieren. Da die vorhandenen Systeme sehr alt sind, sollten diese durch neue, ausgestattet mit aktueller Hardware, ersetzt werden. Hierbei sollte von einer Einsatzzeit der Neusysteme von vier Jahren ausgegangen werden. Modularität und Redundanz der wichtigsten Komponenten wie

- Netzteil
- Netzwerkkarte (NIC)
- Festplatten (Raid 10 + Hotspare)
- Load-Balancing an Datenbanksystemen

sind hier Schlüssel zur einfachen Wartung und einer erhöhten Ausfallsicherheit. Sinnvoll wäre z.B. die Anschaffung einer leistungsfähigen Virtualisierungslösung. Der Speicherplatz wird mittels eines zentralen Storage Area Networks (SAN) bereitgestellt, welches das Management des Backups erleichtert. Ein SAN besteht aus mehreren schnellen Festplatten, welche z.B. mittels RAID 10 hochverfügbar arbeiten und eine hohen IO-Wert bieten. Dieser Festplattenverbund kann den einzelnen virtuellen Maschinen dynamisch zugeteilt werden. Die Maschinen lassen sich somit nahezu beliebig skalieren.

Der Speicherplatz für den Datenbank und den Fileserver ist neu zu berechnen und auf die kommenden Jahre auszulegen. Physisch, also unabhängig des VM Clusters, sollte nur der Domaincontroller (DC) betrieben werden, da ohne dessen Funktion ein Anmelden an keinem System mehr möglich ist. Zusätzlich zu den genannten Systemen sollte noch ein DHCP und ein Proxy Dienst eingerichtet werden, sowie die vorgeschlagenen Firewalls aus Kapitel 0 in Betrieb genommen und konfiguriert werden. Ein Sicherheitskonzept wird in Kapitel 3.4 ausgearbeitet. Die Ablösung der PCs in den Fachbereichen durch Terminallösungen wäre hier keine Option, da diese ggf. noch weitere lokale Geräte wie Gesundheitskartenlesegeräte betreiben müssen. Eine zentrale Verwaltung für Softwareverteilung und Aktualisierungsmanagement kann in einem weiteren Schritt implementiert werden. Wartungsverträge und Lagerung der Ersatzteile, welche nach Möglichkeit nicht aus derselben Charge wie die Originalteile bezogen werden sollten, sind ebenfalls zu verbessern. Als Lagerort sollte ein getrennter Brandabschnitt mit geringer Luftfeuchte gewählt werden.

Sollte entgegen der Empfehlung nicht auf eine Virtualisierungslösung gesetzt werden, so sei diese dennoch als Alternative für die einen redundanten Serverraum genannt. Serverraum-1 könnte physisch betrieben werden und als Fail-Safe-Turn-Over-Cluster in einem weiteren Brandabschnitt virtuell auf Serverraum-2 gespiegelt werden. Mögliche Technologien wären hierbei Microsoft Hyper-V Cluster, ESX Host oder eine Citrix Lösung.

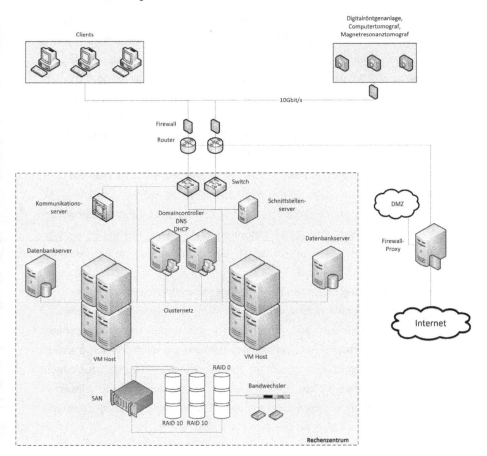

Abbildung 3: Schematische Darstellung des Soll-Konzept

3.3 Backupkonzept

Auch wenn die Systeme in Zukunft mit Festplatten in einem RAID Verbund arbeiten ist dies noch kein Backup. Spezielle gesetzliche Regularien schreiben mindestens ein Backup in drei Generationen (vgl. Abbildung 4) vor. Besonders die Röntgenbilder dürfen nur beschränkt komprimiert werden und bedürfen einer

Archivierung von 30 Jahren. Anhand der gegebenen Daten lässt sich zumindest das Backup für die Sicherung der radiologischen Informationen dimensionieren. Es wird von einem Speicherplatz von 1 TB Daten je Jahr ausgegangen. Zusätzlich zu diesen 30 TB benötigtem Speicherplatz ist der Speicherplatz für die Sicherung der restlichen Systeme und eine kalkulatorische Reserve von 25% zu addieren. Durch diese enorme Datenmenge ist sowohl die Backup-Zeit zu beachten, als auch in einem Widerherstellungstest die Möglichkeit und die Dauer dessen zu messen. Auch ist zu beachten, dass für manche Systeme eventuell eine „down time" zur Sicherung erforderlich ist bzw. der Sicherungszeitpunkt nicht mit dem Virenscan korrelieren darf. Es empfiehlt sich daher die Sicherung in Zeiten mit weniger Betrieb (ggf. Nachts) durchzuführen, aber auch die Geschwindigkeit, wo möglich, zu erhöhen. Häufigstes System wäre hier eine Disk-to-Disk-to-Tape Sicherung. Dabei werden zunächst alle Daten auf einen weiteren Festplattenverbund (welcher häufig im RAID 0 zur Erhöhung der Schreibgeschwindigkeit, da hier keine Redundanz erforderlich ist) kopiert und von dort auf die wesentlich langsamen Bandlaufwerke zur Archivierung geschrieben. Die Sicherungsbänder sind anschließend unter optimalen Bedienungen (angepasste Temperatur und Luftfeuchte) in einem Brandschutztresor in einem getrennten Katastrophenabschnitt mit speziellen Zutrittsregelungen zu lagern. Eine Dokumentation für das Backup und die Wiederherstellung der einzelnen Systeme (Disaster Recovery) sollten ebenso Teil der Backup-Strategie sein und anschließend noch erstellt werden. (vgl. CARIUS 2014)

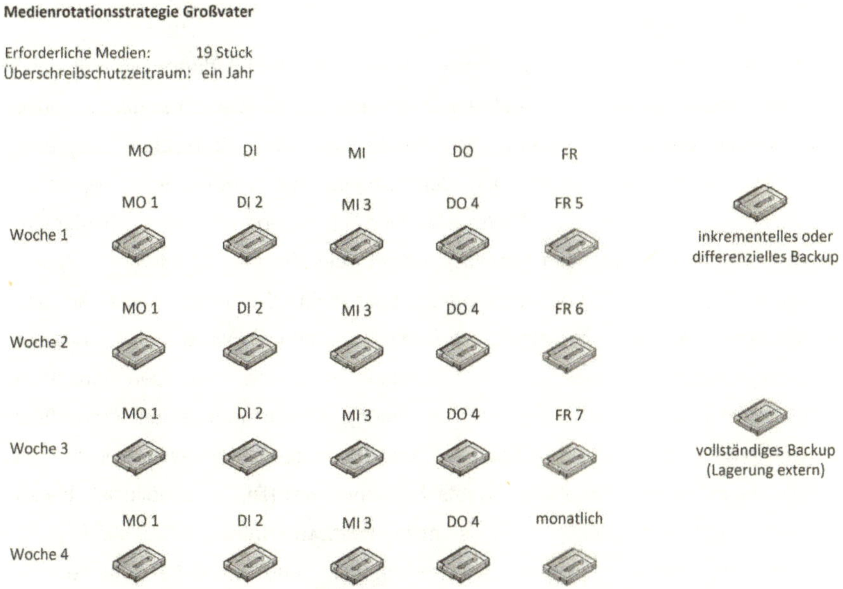

Medienrotationsstrategie Großvater

Erforderliche Medien: 19 Stück
Überschreibschutzzeitraum: ein Jahr

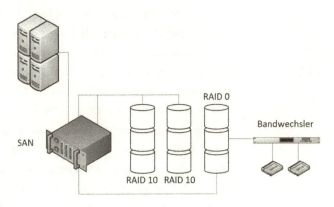

	MO	DI	MI	DO	FR
Woche 1	MO 1	DI 2	MI 3	DO 4	FR 5
Woche 2	MO 1	DI 2	MI 3	DO 4	FR 6
Woche 3	MO 1	DI 2	MI 3	DO 4	FR 7
Woche 4	MO 1	DI 2	MI 3	DO 4	monatlich

inkrementelles oder differenzielles Backup

vollständiges Backup (Lagerung extern)

Abbildung 4: Backupgenerationenprinzip (Großvater - Vater - Sohn) (i.A.a. symantec 2014b)

RAID 0

Bandwechsler

SAN

RAID 10   RAID 10

Abbildung 5: Backup-Konzept

3.4 Securitykonzept

Auch wenn das LAN und dessen Systeme vom Internet durch Firewalls und Proxy-Server abgeschottet betrieben werden, sollte die Erarbeitung eines Sicherheitskonzepts erfolgen. Teil eines solchen Konzeptes ist eine Unternehmens-Policy welche u.a. den Umgang mit Virenfunden (Reparatur, Löschung, Quarantäne), Großausbrüchen (Abschottung von Systemen, Alarmierung, Trennung von Netzabschnitten) oder Wechseldatenträgern (Sperre von USB Ports, CD Laufwerken etc.) beschreibt. Sie definiert die Art des Virenschutzes der einzelnen Systeme. Standard wäre ein zentraler Managementserver, welcher die „Endpoint Protection" auf den einzelnen Systemen mit Updates und Richtlinien versorgt. Neben dem reinen Virenschutz (On-Demand- oder Schedule-Scanning) und Personal Firewall, welche in diesem Fall, da nur intern betriebene Clients betrachtet werden, nicht nötig ist, bieten heutige Antivirenlösungen weitaus mehr. Netzwerk-Intrusion-Detection (IDS) Protection, verhaltensbasierte Antivirenlösungen und spezielle Scanner für Mailserver, Proxyserver, Datenbankserver und Surfprotection als Browser-Plugin sind einige, welche es in einem Security Konzept zu betrachten gilt. (vgl. KOBE, CRANTZ 2002) Einen Überblick der Technologien und deren Einsatzzweck verschafft Tabelle 3. Eine Empfehlung wäre es, einen zentralen Managementserver zur Update und Policy Verwaltung, die Clients mit Endpoint Protection, Heuristikscanner und IDS auszustatten und die Serversysteme mit deren eignem Scanner zu installieren. Eventuelle Exclusions für Datenbankserver und Systemverzeichnisse sind in einem weiteren Schritt nach einem Testlauf zu definieren. Für die Fileserver sind weitere spezielle Scanner erforderlich. Da es sich um ein eigenständiges System mit einem großen Plattenverbund handelt, sollte ein Netzwerkscanner eingesetzt werden. Dieser erhält über eine Schnittstelle die Dateien des SAN/NAS, scannt diese und sendet das Ergebnis zurück. Für das Archivlaufwerk muss nur ein Scan bei neuen Definitionen durchgeführt werden, da dieses bereits gescannt wurde und nicht mehr im Zugriff der Anwender liegt. Als vorbeugende Maßnahme wäre zusätzlich zu empfehlen, die Schnittstellen für Wechselmedien für Unbefugt zu sperren.

Technologie	Host	Funktion
Management Server	zentraler Server	Management der Antivirenlösung und Versorgung mit Updates und Richtlinien
Endpoint Protection	Client + Server mit getrennter Konfiguration	Scan bei Zugriff auf Client + Browser Plugin; Schedule Scan auf Servern zu verschiedenen Zeiten um den Virtualisierungscluster nicht zu stark zu belasten
Netzwerk-Intrusion-Detection	Client	Netzwerküberwachung (nicht angeforderte Antworten (ACKs))
Heuristik Scanner	Client	verhaltensbasierte Analyse
Proxy/Traffic Scanner	Proxy	Scanning des Netzwerkverkehrs zwischen extern und intern
Remotescanserver	Zusätzlicher Server + NAS	Scanning der NAS Heads

Tabelle 3: Virenschutzkomponenten (vgl. symantec 2014a)

3.5 Maillandschaft

Bisher wurden Emails über einen „Cloud"-Dienst, Webmail, abgewickelt und direkt aus dem Internet abgerufen. Bedingt durch das instabile Netzwerk war die Performance relativ beschränkt. Zusätzlich kommen immer mehr Bedenken hinsichtlich des Datenschutzes auf, da personenbezogene Gesundheitsdaten versendet und extern gespeichert werden (vergl. Kazemi/Lenhard 2013). In Zukunft soll der Maildienst von der eigenen IT angeboten werden. Für ein Konzept mit bspw. Microsoft Exchange wären vier zusätzliche Server empfehlenswert, welche wiederrum redundant ausgelegt und mit Load-balancing auf den Mailbox-Datenbank-Server ausgestattet werden sollten:

- SMTP Access Server,
- HUB Server,
- Mailbox Datenbank Server,
- Client Access Server

Der Versand von Emails erfolgt mittels SMTP und wird über einen lokalen Client, Personal Information Manager (PIM), an den PCs bedient. Dieser PIM bietet zusätzliche Funktionen wie Kalender, Kontakte und Aufgaben, welche alle durch das Exchange-Protokoll zentral über den Server verwaltet werden können. Für den Zugriff mit mobilen Geräten, wie Tablet-PCs zum Abrufen der digitalen Akte, wäre eine zusätzliche ActiveSync Schnittstelle empfehlenswert.

Die neue Maillandschaft sollte in das vorhandene Sicherheitskonzept, hinsichtlich SPAM, Black-Listing und dem Scannen von Anhängen integriert und auch bei der Datensicherung berücksichtigt werden.

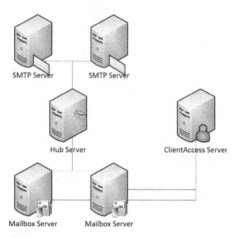

Abbildung 6: E-Mail Konzept

4. Fazit

Das vorgefundene System war nicht nur sehr veraltet und instabil, sondern der Umgang mit der IT-Landschaft auch höchst fahrlässig. Kundendaten wurden nur unzureichend verarbeitet, gesichert und geschützt. Patienten konnten nur bedingt beobachtet werden und Informationen waren zeitweise gar nicht abrufbar. Durch die Modernisierung der Netzwerkinfrastruktur kann eine zentrale Datenhaltung, Speicherung, Sicherung und Wartung erfolgen und somit erheblicher Aufwand eingeschränkt, sowie eine bessere Versorgung der Mitarbeitet mit Informationen und somit eine bessere Versorgung der Patienten gewährleistet werden. Eine Modernisierung der IT-Systeme sorgte für verbesserte Zentralisierung und Reaktionszeiten sowie zusätzliche Stabilität und eine solide Basis für zukünftige kalkulatorische Maßnahmen (Erweiterung/Anschaffung). Gesetzliche Regularien im Hinblick auf Sicherung, Datenschutz und Archivierung können in Zukunft nun auch erfüllt werden. Einem aktualisierten und getesteten Backup-Konzept wird u.a. auch eine zentrale Rolle zugewiesen. In naher Zukunft sollten die nun vorhandenen Systeme als Investitionsschutz ausreichend dimensioniert sein. Das Netzwerk ist auf dem aktuellen Stand der Technik und die Hardware zeigt nur geringe Auslastung. Der Speicherplatz ist dynamisch erweiterbar und auch die Geschwindigkeit konnte verbessert werden. Auch ein Komplettausfall des Serverraums sollte nun keine große Gefahr mehr darstellen, da innerhalb kurzer Zeit das redundant gespiegelte System im zweiten Serverraum hochgefahren und in Betrieb genommen werden kann. Ein zusätzlicher eigenbetriebener Emaildienst, ein Sicherheitskonzept und eine durchgängige Dokumentation runden dieses Konzept ab.

Glossar

ACK	Signal, ACKnowledgement, zur Bestätigung bei einer Datenübertragung
ARP-Poisoning	senden gefälschter ARP-Pakete um ARP-Tabellen in einem Netzwerk so zu verändern, dass anschließend Datenverkehr mitgelesen werden kann
Broadcast	Versand einer Nachricht an alle Teilnehmer in einem Netzwerk auf OSI Schicht-2
CAT	Kategorie Bezeichnung von Twisted Pair Netzwerk Kabeln
DC	Domaincontroller
DHCP	Dynamic Host Configuration Protocol
ERP	Enterprise Ressource Planning
FW	Firewall
Hotspare	ist eine in einem System in Reserve gehaltene Festplatte
iSCSI	Internet Small Computer System Interface; Anschluss von Festplatten mittels SCSI Protokoll über TCP (Netzwerk)
KIS	klinisches Informationssystem
LAN	Local Area Network
Loop	Schleife in einem Netzwerk
LWL	Lichtwellenleiter
NAT	Network Adress Translation
NEXT	Übersprechdämpfung von Adernpaaren bei Twisted Paire Netzwerkkabeln
NIC	Network Interface Card
PAT	Port Adress Translation
PC	Personal Computer
PIM	Personal Information Manager
Port-Trunking	Zusammenschluss von mehreren Netzwerkports auf einem Switch zur Erhöhung des Durchsatzes
QoS	Quality of Service
RAID	Redundand Array of Independent Discs; Festplattenverbund zur Erhöhung z.B. der Ausfallsicherheit
RZ	Rechenzentrum
SAN	Storage Area Network; Netzwerk zur Anbindung von Disk-Arrays und Tape-Libraries an Server-Systeme
Sniffing	mitlesen von Netzwerkverkehr
Softwarebridge	Verbindung von zwei Netzwerksegmenten; Nicht physisch
Spanning-Tree	Algorithmus zur Vermeidung von Schleifen in einem Netzwerk
USV	unterbrechungsfreie Stromversorgung
VLAN	Virtual Local Area Network

Abbildungsverzeichnis

Tabellenverzeichnis

Literaturverzeichnis

BUNDESAMT FÜR SICHERHEIT IN DER INFORMATIONSTECHNIK (BSI):

    Baustein 2.4 Serverraum (2009)

    https://www.bsi.bund.de/DE/Themen/ITGrundschutz/ITGrundschutzKataloge/Inhalt/_con
    tent/baust/b02/b02004.html (Abgerufen 01.08.2014)

BUNDESAMT FÜR SICHERHEIT IN DER INFORMATIONSTECHNIK (BSI):

    Einstieg (2014a)

    https://www.bsi.bund.de/DE/Themen/ITGrundschutz/ITGrundschutzKataloge/Inhalt/_con
    tent/allgemein/einstieg/01001.html (Abgerufen 01.08.2014)

BUNDESAMT FÜR SICHERHEIT IN DER INFORMATIONSTECHNIK (BSI):

    Grundschutzkataloge (2014b)

    https://www.bsi.bund.de/DE/Themen/ITGrundschutz/ITGrundschutzKataloge/itgrundsch
    utzkataloge_node.html (Abgerufen 01.08.2014)

CARIUS, Frank:

    Backupstrategie (2014)

    http://www.msxfaq.de/konzepte/backupkonzepte.htm (Abgerufen 01.08.2014)

DYE, Mark A. ; MCDONALD, Rick ; RUFI, Antoon W. ; SCHAWOHL, Ernst:

    Netzwerkgrundlagen: CCNA exploration companion guide (2008)

    München, Boston, Mass. [u.a.] : Addison-Wesley, 2008 (Cisco), ISBN 978-3-827-32685-0

KAZEMI, ROBERT; LENHARD, THOMAS H.:

Cloud Services: Entwicklungen für den Datenschutz in Kliniken, Krankenhaus-IT Fakten und Perspektiven der IT im Gesundheitswesen, 2. Quartal 2013, Antares-Verlag, Dietzenbach, 2013, ISSN 1619-0629

KOBE, Markus ; CRANTZ, Carsten:

Sicherheit in vernetzten Systemen : Intrusion Detection Systeme (2002)
https://www.informatik.uni-hamburg.de/RZ/lehre/18.415/seminararbeit/8_IDS.pdf
(Abgerufen 02.08.2014)

LENHARD, Thomas H. Dr.:

Bridge statt Switch – Kostensparen „trotz" Patientenkarte, KH-IT-Magazin, 3. Quartal 2008, Antares-Verlag, Dietzenbach, 2008, ISSN 1619-0629
http://www.medizin-edv.de/ARCHIV/Bridge_statt_Switch...pdf (Abgerufen 04.08.2014)

DAUSCH MARTIN (Hrsg.: Lenhard, Thomas H.):

Netzwerkgrundlagen (2014)
Bodenheim : HERDT-Verlag, 2014

LEWIS, Wayne ; SCHAWOHL, Ernst:

LAN-Switching und Wireless: CCNA-Exploration-Companion-Guide (2009)
1. Aufl. München/Germany: Addison-Wesley, 2009 (Cisco), ISBN 9-783-82732749-9

N.A.:

Netzwerktechnik (2011)
http://www.w3service.net/ccna_zertifizierung/INFOs/sem1/Netzwerk-Infrastruktur-022.pdf (Abgerufen 28.07.2014)

N.A.:

DIN EN 50173 (2014)
http://www.itwissen.info/definition/lexikon/50173-EN-50173.html (Abruf 02.08.2014)

SCHNABEL, Patrick:

Lichtwellenleiter (2014a)
http://www.elektronik-kompendium.de/sites/kom/0301282.htm (Abgerufen 01.08.2014)

SCHNABEL, Patrick:

Strukturierte Verkabelung (2014b)
http://www.elektronik-kompendium.de/sites/net/0908031.htm (Abgerufen 01.08.2014)

SCHNABEL, Patrick:

Twisted-Pair-Kabel (2014c)
http://www.elektronik-kompendium.de/sites/net/0603191.htm (Abgerufen 01.08.2014)

SCHNABEL, Patrick:

WLAN Standard (2014d)
http://www.elektronik-kompendium.de/sites/net/0610051.htm (Abgerufen 03.08.2014)

SYMANTEC:

Endpoint Security 01.05.2014 (2014a)

http://www.symantec.com/content/en/us/enterprise/fact_sheets/b-endpoint-protection-DS-21320633.pdf (Abgerufen 03.08.2014)

SYMANTEC:

Medienrotationsstrategie Großvater 14.03.2012 (2012b)

http://www.symantec.com/business/support/index?page=content&pmv=print&impressions=&viewlocale=de_DE&id=HOWTO73341 (Abgerufen 02.08.2014)